Descubra Juegos Gratis Online

Disponibles Aquí:

BestActivityBooks.com/FREEGAMES

5 CONSEJOS PARA EMPEZAR

1) CÓMO RESOLVER LAS SOPA DE LETRAS

Los rompecabezas tienen un formato clásico:

- Las palabras se ocultan sin espacios ni guiones,...
- Orientación: Las palabras pueden escribirse hacia delante, hacia atrás, hacia arriba, hacia abajo o en diagonal (pueden estar invertidas).
- Las palabras pueden superponerse o cruzarse.

2) APRENDIZAJE ACTIVO

Junto a cada palabra hay un espacio para anotar la traducción. Para fomentar un aprendizaje activo, un **DICCIONARIO** al final de esta edición te permitirá comprobar y ampliar tus conocimientos. Busca y anota las traducciones, encuéntralas en el puzzle y añádelas a tu vocabulario!

3) MARCAR LAS PALABRAS

Puedes inventar tu propio sistema de marcado. ¿Quizás ya usas uno? También puedes, por ejemplo, marcar las palabras difíciles de encontrar con una cruz, las que te gustan con una estrella, las nuevas con un triángulo, las raras con un diamante, etc.

4) ESTRUCTURAR EL APRENDIZAJE

Esta edición ofrece un **CUADERNO DE NOTAS** muy práctico al final del libro. En vacaciones, de viaje o en casa, podrás organizar fácilmente tus nuevos conocimientos sin necesidad de un segundo cuaderno!

5) ¿HABÉIS TERMINADO TODAS LAS PARRILLAS?

En las últimas páginas de este libro, en la sección **DESAFÍO FINAL**, encontrarás un juego gratis!

¡Rápido y sencillo! Echa un vistazo a nuestra colección de libros de actividades para tu próximo momento de diversión y aprendizaje, ¡a sólo un clic de distancia!

Encuentre su próximo reto en:

BestActivityBooks.com/MiProximoLibro

En sus marcas, listos, ¡Ya!

¿Sabías que hay unas 7.000 lenguas diferentes en el mundo? Las palabras son preciosas.

Nos encantan los idiomas y hemos trabajado duro para crear libros de la más alta calidad para tí. ¿Nuestros ingredientes?

Una selección de temas adecuados para el aprendizaje, tres buenas porciones de entretenimiento, y luego añadimos una cucharada de palabras difíciles y una pizca de palabras raras. Los servimos con cariño y máxima diversión para que puedas resolver los mejores juegos de palabras y te diviertas aprendiendo!

Tu opinión es esencial. Puedes participar activamente en el éxito de este libro dejándonos un comentario. Nos encantaría saber qué es lo que más le ha gustado de esta edición.

Aquí hay un enlace rápido a tu página de pedidos:

BestBooksActivity.com/Opiniones50

Gracias por tu ayuda y diviértete!

Todo el equipo

1 - Ajedrez

```
S  J  L  B  Y  P  G  Z  K  W  D  A  C  K  T  D
B  C  J  R  D  P  E  E  E  C  X  K  H  Ö  U  Z
D  F  H  E  M  M  G  I  N  I  V  O  A  N  R  E
T  P  T  W  L  R  N  G  T  U  T  O  M  I  N  Q
Z  N  H  E  A  M  E  E  T  K  N  U  P  G  I  O
L  X  S  B  N  R  R  T  X  D  H  D  I  I  E  H
M  H  J  T  O  E  Z  A  F  U  T  L  O  N  R  P
J  S  W  T  G  F  R  R  G  Z  F  E  N  Y  E  A
U  L  S  E  A  P  C  T  N  D  F  R  L  X  C  S
B  F  I  W  I  O  Y  S  G  S  N  N  E  S  O  S
J  W  J  S  D  M  S  O  U  R  D  E  G  N  H  I
J  N  F  S  S  P  I  E  L  E  R  N  E  S  K  V
R  A  G  T  R  Z  Q  Z  K  E  W  S  R  K  Ö  D
Q  F  A  Z  J  J  U  I  T  B  I  N  Y  I  N  D
S  G  V  K  F  Y  M  O  R  S  Q  P  L  K  I  Z
W  E  F  S  W  E  I  S  S  L  B  O  S  J  G  N
```

LERNEN   GEGNER
WEISS   PASSIV
CHAMPION   PUNKTE
WETTBEWERB   REGELN
DIAGONAL   KÖNIGIN
STRATEGIE   KÖNIG
KLUG   OPFER
SPIEL   ZEIT
SPIELER   TURNIER
SCHWARZ

2 - Agua

```
F  T  F  E  U  C  H  T  A  R  G  S  U  F  F  N
P  L  R  H  U  R  R  I  K  A  N  M  K  M  E  K
M  A  U  I  G  H  B  Z  K  H  E  O  E  P  U  Q
A  N  V  T  N  Z  T  D  P  F  G  N  B  U  C  S
D  A  V  Z  U  K  E  I  S  H  E  S  W  X  H  C
L  K  F  Q  R  J  B  J  E  T  R  U  K  N  T  H
R  U  P  W  E  Z  V  A  Z  O  U  N  A  P  I  N
G  K  Q  I  S  N  C  R  R  O  Z  E  A  N  G  E
J  Q  D  Y  S  G  O  I  I  Y  Z  C  F  Q  K  E
V  X  J  Y  Ä  G  E  Y  S  I  R  R  E  L  E  R
U  C  S  B  W  S  R  L  O  S  F  F  R  S  I  Q
M  K  S  L  E  H  C  S  U  D  U  S  E  E  T  M
W  U  M  M  B  A  P  W  K  N  E  L  L  E  W  T
V  E  R  D  U  N  S  T  U  N  G  E  F  C  K  S
X  S  Q  M  B  K  I  D  A  F  R  O  S  T  U  U
K  O  W  M  A  Y  J  V  G  M  H  Y  M  N  V  G
```

KANAL	SEE
DUSCHE	REGEN
VERDUNSTUNG	MONSUN
GEYSIR	SCHNEE
FROST	OZEAN
EIS	WELLEN
FEUCHTIGKEIT	TRINKBAR
HURRIKAN	BEWÄSSERUNG
FEUCHT	FLUSS
FLUT	DAMPF

3 - Arqueología

```
P  G  V  F  Z  I  V  I  L  I  S  A  T  I  O  N
R  A  E  E  O  M  A  N  N  S  C  H  A  F  T  P
O  N  T  H  R  S  G  R  A  B  E  L  D  Ä  R  A
F  A  K  T  E  G  S  N  A  C  H  K  O  M  M  E
E  L  E  E  K  I  E  I  F  O  R  S  C  H  E  R
S  Y  J  M  E  C  M  S  L  G  M  E  U  T  Q  L
S  S  B  P  Z  O  F  N  S  D  X  A  U  P  S  G
O  E  O  E  C  N  G  T  I  E  A  J  Y  C  C  K
R  X  I  L  C  R  U  Q  S  N  G  F  N  X  H
A  U  S  W  E  R  T  U  N  G  N  C  J  Y  D  K
D  A  Q  Q  J  C  K  E  X  P  E  R  T  E  O  D
T  I  N  T  Ä  I  U  Q  I  T  N  A  Z  O  Z
F  Y  S  L  P  P  L  G  R  N  K  C  E  N  E  O
A  I  M  A  T  N  E  H  C  O  N  K  T  F  R  V
T  Y  N  R  A  Q  R  R  R  J  A  E  B  O  B  G
U  L  S  U  G  L  Z  U  N  B  E  K  A  N  N  T
```

ANALYSE	FOSSIL
URALT	KNOCHEN
ANTIQUITÄT	FORSCHER
ZIVILISATION	GEHEIMNIS
NACHKOMME	OBJEKTE
UNBEKANNT	VERGESSEN
MANNSCHAFT	PROFESSOR
ÄRA	RELIKT
AUSWERTUNG	TEMPEL
EXPERTE	GRAB

4 - Granja #2

```
Y H B F H M D P G D N G M O A M
Y X O O E S C H A F L E I B X J
W I E S E E C O O E A M L S Q K
T G M D D P X O Z S M Ü C T D N
Y R N B V N G U P S A S H G T B
M M A L W T R M T C G E V A W I
U W I K P Z D V G H A S Q R E E
K T W E T S R E G Ä L M J T I N
V R U K P O B X E F V E Y E Z E
V T I E R E R A N E F S T N E N
P P B R S X W X U R S S O N N S
Z Y M I E V H Z E E O E V G E T
V J S K U B I P H F R N Q N C O
J F T C V G I G C J Y W Z M M C
R U I G N U R E S S Ä W E B C K
F R U C H T M A I S W Z A O I E
```

BAUER
TIERE
GERSTE
BIENENSTOCK
ESSEN
LAMM
FRUCHT
SCHEUNE
OBSTGARTEN
MILCH

LAMA
MAIS
SCHAF
SCHÄFER
ENTE
WIESE
BEWÄSSERUNG
TRAKTOR
WEIZEN
GEMÜSE

5 - La Empresa

```
R M E R S N G V J Q M N Q I B I
M Ö N N E K R E A T I V U N E C
D G H G T S G M T H P D A V S O
I L Ö Y J S S B H R C T L E C J
N I L U O W C O L B J H I S H P
N C V X L U R H U D N P T T Ä R
O H Y T N Q F E E R Z U Ä I F Ä
V K P R O D U K T I C K T T T S
A E J M S L R J L H D E H I I E
T I G L O B A L U X Z U N O G N
I T T I R H C S T R O F N N U T
V E I N N A H M E N W S O G N A
P R O F E S S I O N E L L H G T
G E S C H Ä F T X L H K V I H I
I N D U S T R I E M J U L J L O
R I S I K E N E T I E H N I E N
```

QUALITÄT
KREATIV
ENTSCHEIDUNG
BESCHÄFTIGUNG
GLOBAL
INDUSTRIE
EINNAHMEN
INNOVATIV
INVESTITION
GESCHÄFT

MÖGLICHKEIT
PRÄSENTATION
PRODUKT
PROFESSIONELL
FORTSCHRITT
RESSOURCEN
RUF
RISIKEN
LÖHNE
EINHEITEN

6 - Mueble

```
Y K I B A U S R L W L G J T Y H
E A O J H J K O X W J G C I U A
J D A M Y W F L X Z T S M A K R
O M N B M A O E V D V G Z F I S
N A O L Ü O E M A C M E N Q S C
D T T E B C D W H B I V J F S H
I R U S Z U H E C J R Z M G E R
J A F S J W L E G E I P S N N E
Q T F E F K N A R H C S E A P I
V Z S S N S O L H R S T U H L B
V E S P P P D A J M E G P R A T
N C O U C H J M K Y B G H O G I
O Y J W Z Z D P G T F P A V E S
E K C E D T T E B A N K G L R C
H Ä N G E M A T T E U O J C N H
T E P P I C H E M Q X O V D Z U
```

TEPPICH
KISSEN
SCHRANK
BANK
BETT
MATRATZE
VORHANG
KOMMODE
BETTDECKE
SCHREIBTISCH

SPIEGEL
BÜCHERREGAL
REGAL
FUTON
HÄNGEMATTE
LAMPE
STUHL
SESSEL
COUCH

7 - Pesca

```
F N R J A U S R Ü S T U N G S E
L L J Y Y T G H G F O W E E P K
O F J F V M K E A A O A H Ü H E
S S U L F S I S D K B P C B S J
S P V T Q D E Z W U E Z O E Y I
E H Z D H X F E L G L N K R Y Y
N E M E I K E Z K C X D N T N E
I C J T H A R D X O N I B R V W
B W X P E F E W O F G P G E W A
O Z E A N T S P G H E E M I Q C
S G Q S B C S I C I W T U B X D
K Ö D E R H A E W S I A S U Q V
E G R A O T W G E C C W U N V S
H L C L K I G X H C H W O G G B
J A H R E S Z E I T T D E K G N
H N A R K O S T R A N D J V G F
```

WASSER	HAKEN
FLOSSEN	SEE
BOOT	KIEFER
KIEMEN	OZEAN
DRAHT	GEDULD
KÖDER	GEWICHT
KORB	STRAND
KOCHEN	FLUSS
AUSRÜSTUNG	JAHRESZEIT
ÜBERTREIBUNG	

8 - Aviones

```
I  H  P  R  O  P  E  L  L  E  R  H  T  F  U  L
Q  I  J  S  S  V  H  H  M  P  D  C  T  R  B  A
O  M  X  C  R  E  W  J  L  O  I  T  D  K  A  N
W  M  G  T  K  Q  M  R  T  S  T  L  R  H  L  D
A  E  R  Ä  H  P  S  O  M  T  A  O  O  Y  L  U
S  L  T  F  G  N  U  T  H  C  I  R  T  O  N
S  A  U  J  F  T  A  L  U  D  F  I  A  R  N  G
E  F  R  K  O  X  V  D  M  G  W  I  W  M  Z  S
R  P  B  A  T  S  I  A  D  E  S  I  G  N  U  I
S  O  U  L  S  C  G  P  A  S  S  A  G  I  E  R
T  A  L  B  N  O  I  T  K  U  R  T  S  N  O  K
O  I  E  T  N  S  E  Z  N  C  F  M  L  K  X  M
F  A  N  K  E  O  R  E  U  E  T  N  E  B  A  M
F  D  Z  F  R  N  E  H  Y  H  H  G  L  T  Y  U
T  D  U  E  B  P  N  Ö  F  P  W  S  S  Q  Z  X
G  E  S  C  H  I  C  H  T  E  F  A  J  U  Z  B
```

LUFT	BALLON
HÖHE	PROPELLER
LANDUNG	WASSERSTOFF
ATMOSPHÄRE	GESCHICHTE
ABENTEUER	MOTOR
HIMMEL	NAVIGIEREN
BRENNSTOFF	PASSAGIER
KONSTRUKTION	PILOT
RICHTUNG	CREW
DESIGN	TURBULENZ

9 - Tipos de Cabello

```
F  G  F  U  R  A  Q  O  V  R  P  Z  B  L  A  Z
B  O  A  Y  D  Y  A  F  Q  G  G  U  R  O  B  U
R  O  J  Y  W  S  A  S  F  H  C  C  A  C  L  U
A  P  H  P  Y  B  K  W  N  M  Z  A  U  K  O  U
X  J  Q  Z  R  C  G  E  S  U  N  D  N  I  N  F
E  R  A  N  G  O  O  W  A  S  W  X  N  G  D  F
B  W  N  E  K  C  O  R  T  I  I  Y  Ü  I  W  C
H  Z  U  T  G  R  A  U  L  J  V  E  D  L  M  Z
K  Y  I  H  C  I  E  W  W  V  H  F  W  L  E  V
Q  A  G  C  I  O  M  N  W  E  A  P  A  E  A  S
E  Z  H  O  U  P  R  Q  T  B  W  Ö  T  W  S  I
P  S  N  L  S  C  H  W  A  R  Z  Z  K  B  Y  L
U  G  A  F  F  L  L  O  C  K  E  N  U  T  E  B
H  J  Z  E  A  Z  A  R  F  X  Q  L  R  L  J  E
W  J  B  G  S  H  W  N  K  X  D  T  Z  N  K  R
G  L  Ä  N  Z  E  N  D  G  D  I  C  K  O  C  R
```

WEISS	WELLIG
GLÄNZEND	SILBER
KAHL	LOCKIG
KURZ	LOCKEN
DÜNN	BLOND
GRAU	GESUND
DICK	TROCKEN
LANG	WEICH
BRAUN	GEFLOCHTEN
SCHWARZ	ZÖPFE

10 - Ciencia Ficción

```
A M V W R J C E I P O T U C L K
L F H P E H R I L L U S I O N I
L T Z Z U L Z X M I N G M T R N
O R A K E L T A K O I W G R E O
V E W X F N M L H J T D F L F E
S T L Y Y R B A K R A A U O X X
I O N A W C S G G V U I T Z C P
N B B Ü C H E R W F O B U N R L
M O S O E U F W O R F R R R H O
I R L P B K O M Z Ä G D I P O S
E H C S I T S A T N A F S L P I
H Y K T H P G J K I Z D T A E O
E X T R E M U F O G K N I N R N
G H C S I T S I L A E R S E M C
G V X O K F S I C M S I C T Z S
T E C H N O L O G I E Y H G L Z
```

ATOMIC
KINO
FERN
EXPLOSION
EXTREM
FANTASTISCH
FEUER
FUTURISTISCH
GALAXIE
ILLUSION

IMAGINÄR
BÜCHER
GEHEIMNISVOLL
WELT
ORAKEL
PLANET
REALISTISCH
ROBOTER
TECHNOLOGIE
UTOPIE

11 - Granja #1

```
J  M  B  G  D  K  H  S  A  A  T  G  S  N  C  C
B  P  X  K  Ü  R  U  E  T  Z  D  P  P  F  R  V
J  A  G  Y  N  Ä  N  E  R  S  T  X  K  S  R  M
W  W  Y  C  G  H  J  S  P  D  R  E  F  P  L  X
S  J  I  O  E  E  D  N  U  H  E  V  I  F  A  Z
E  N  O  Z  R  G  L  J  H  R  E  W  Q  E  N  A
N  X  L  I  F  C  E  M  L  E  N  G  S  K  D  U
B  K  R  E  C  V  F  I  M  I  V  B  L  A  K  N
W  C  C  S  Z  I  P  B  Z  S  S  U  L  T  C  S
U  A  P  E  Q  Y  B  R  W  D  H  B  W  Z  U  X
Q  J  S  L  B  C  H  M  A  V  U  E  H  E  S  Z
M  O  B  S  W  A  V  U  B  K  H  R  P  H  A  X
W  K  I  S  E  J  P  Q  R  U  N  R  R  Z  S  N
E  N  E  O  U  R  Q  N  O  H  K  Q  V  K  R  C
B  N  N  I  Y  H  O  N  I  G  P  R  X  F  K  T
D  L  E  J  Q  K  D  V  Y  J  X  Z  L  F  T  V
```

BIENE	HEU
WASSER	HONIG
REIS	HUND
ESEL	HUHN
PFERD	HERDE
ZIEGE	SAAT
FELD	KALB
KRÄHE	LAND
DÜNGER	KUH
KATZE	ZAUN

12 - Camping

```
W K Y U X N F Z O E Z A D N X F
D Q J D L A W E N I B A K S Z T
P U J U M T J S U B Y G G C D R
T I E R E U S E K E E V K A N U
M S Q S F R L I D T R R A D O A
K O M P A S S L O R I I G Y M B
G K Q S M L I P V A N I C G G E
T R I T C O K M D K S S T Q V N
H Ä N G E M A T T E E W J Z P T
X N R N N R F U G D K S Y Y O E
B A T Z R S P H B K T U E X R U
Q K H S E E X H T B P F F E M E
X F K U T S W G M U L R H M L R
H G F Q A B A U S R Ü S T U N G
J A G D L J G E G E H F E Ä R K
F I C X I F O B M V E J L B C G
```

TIERE   FEUER
ABENTEUER   HÄNGEMATTE
BÄUME   INSEKT
WALD   SEE
KOMPASS   LATERNE
KABINE   MOND
KANU   KARTE
JAGD   BERG
SEIL   NATUR
AUSRÜSTUNG   HUT

13 - Fruta

```
O S N N O G M A I V H H S S C R
G A S H R C A P Y L A Q P U Y S
P N T U A O N F Q V U U Q O E T
X A D B N V G E N K O H T V P P
C N P H G S O L H I M B E E R E
S A M A E N O L E M A L Z M G A
K N Y L Y H C K J I A K T H T P
I E B G E A Y E O D A C O V A R
W K W M Y R U R B K G B P N O I
I T G L E I V W Q V I Q R Y O K
S A Q T R A U B E R V R J C D O
J R P E R E E B K I R S C H E S
P I B A N A N E G U A V E E W E
W N E N O R T I Z E B N E O B R
D E O M Y U I S P F I R S I C H
R B P B W A Q B Q O P V P R T J
```

AVOCADO
APRIKOSE
BEERE
KIRSCHE
KOKOSNUSS
HIMBEERE
GUAVE
KIWI
ZITRONE
MANGO

APFEL
PFIRSICH
MELONE
ORANGE
NEKTARINE
PAPAYA
BIRNE
ANANAS
BANANE
TRAUBE

14 - Geología

```
N S K K D A O R M J Q H K K A E
B T R N O I S O R E U D T L V R
R A I E H R R A Y D A Y X S M V
O L S B G Ö A V A L R R N A I S
J A T E Y Y H L I U Z L A S N Ä
S K A B A G D L L A K I K X E U
Q T L D X E Z G E E Y S L L R R
D I L R W Y R Y G T P S U N A E
S T E E X S Q Z A A T O V S L J
K C N N L I K V O L F F L R I L
E Z H N L R R I L P N A N Y E Z
K Z I I K O N T I N E N T W N O
A Y W E C S T A L A G M I T E N
S Y K T M H F H L J N W A J C A
Z X F S W Z T K A L Z I U M F F
D K P X S P Y E P H R X J J S Z
```

SÄURE   STALAGMITEN
KALZIUM   FOSSIL
SCHICHT   GEYSIR
HÖHLE   LAVA
KONTINENT   PLATEAU
KORALLE   MINERALIEN
KRISTALLE   STEIN
QUARZ   SALZ
EROSION   ERDBEBEN
STALAKTIT   VULKAN

15 - Álgebra

```
S  O  L  G  T  T  C  W  G  M  M  Y  E  B  F  V
H  G  E  Z  S  P  N  P  S  F  A  Z  X  H  A  E
N  E  L  B  A  I  R  A  V  V  T  W  P  X  L  R
G  N  U  S  Ö  L  R  O  W  M  R  S  O  C  S  E
S  U  J  B  U  L  Y  B  B  X  I  A  N  A  C  I
U  M  Q  J  E  U  K  U  W  L  X  T  E  G  H  N
B  M  N  N  M  N  B  I  B  Y  E  G  N  E  M  F
T  E  B  R  U  C  H  T  E  I  L  M  T  C  G  A
R  R  A  E  N  I  L  K  L  A  M  M  E  R  N  C
A  D  I  V  I  S  I  O  N  E  F  M  V  N  U  H
K  C  D  F  A  K  T  O  R  A  M  I  S  W  H  E
T  D  I  A  G  R  A  M  M  Q  X  R  W  O  C  N
I  S  D  P  M  S  A  Y  U  D  E  H  O  O  I  V
O  E  Q  J  K  K  J  G  K  L  D  H  J  F  E  M
N  U  N  E  N  D  L  I  C  H  J  N  E  F  L  W
C  S  J  H  L  R  F  I  Y  P  M  O  W  H  G  D
```

MENGE	UNENDLICH
NULL	LINEAR
DIAGRAMM	MATRIX
DIVISION	NUMMER
GLEICHUNG	KLAMMERN
EXPONENT	PROBLEM
FAKTOR	SUBTRAKTION
FALSCH	VEREINFACHEN
FORMEL	LÖSUNG
BRUCHTEIL	VARIABLE

16 - Plantas

```
D C D F D V J I M C M Y V K V G
W L Ü M L S D Z S D Y Q L Q E F
C A N I Y O X C G E M V Q S G E
M H G W F M R N Z T P I G Z E Y
K F E T U T T A L B L K W B T C
V C R Q Y R M C T N A K Q E A D
G A R T E N Z O Y H U E F E T R
B O H N E Z B E O C B M Q R I P
K A K T U S A I L S Y J H E O H
I K F L T A M H W U A F G M N G
O I Y J E R B R N B E B Y P E G
G N S Y I G U Y B D W I M T L A
B A U M N E S F L N A P V U E L
Y T T A L B N E T Ü L B E E L B
B O R A W Z H O V E D B L U M E
D B S K T S I I E G B I K R X R
```

BUSCH	LAUB
BAUM	BOHNE
BAMBUS	EFEU
BEERE	GRAS
WALD	BLATT
BOTANIK	GARTEN
KAKTUS	MOOS
DÜNGER	BLÜTENBLATT
BLUME	WURZEL
FLORA	VEGETATION

17 - Negocio

```
A R B E I T G E B E R J A I C T
W I R T S C H A F T V O V I K R
K O S T E N U C B R N B J C A A
V T T A B A R B A E H Q H U R N
P F U A K R E V G B C Q Q W R S
W Ä H R U N G J E U U G E A I A
J H V N F R E S L P U D F R E K
F C E F S E K R D J T M G E R T
Z S W E S U T Y E Y J V D E E I
D E Y M V E N O K I R B A F T O
M G B Y N T F A Y L Z X V V U N
M T K L R S T I O W U N T V D G
X C R D Y L H U R H T G A Z P F
B M E V L R Y G Ü M D D I N I M
J R U R E T I E B R A T I M I M
I N V E S T I T I O N G O Z K F
```

KARRIERE
KOSTEN
RABATT
GELD
WIRTSCHAFT
MITARBEITER
ARBEITGEBER
FIRMA
FABRIK
FINANZIEREN

STEUERN
INVESTITION
WARE
WÄHRUNG
BÜRO
BUDGET
GESCHÄFT
JOB
TRANSAKTION
VERKAUF

18 - Jardín

```
H Ä N G E M A T T E O S G Y V G
C P E E O U M T B M Z C M E E A
I J D J Z B E Z W U E H R J R R
E N O X L T S Z P L V A Z I A A
T T B G Z U S T A B M U A B N G
G R A S O L A U G U W F G J D E
B U S C H W R A A A N E H V A T
P U B K Z W R R O K R L P R U R
P P L S J J E K A P C T I A Z A
Q S Y P T K T N U Q E J E H A M
P W K X Z H C U A L H C S N F P
K B X J N M Q T L Q W W E E A O
B P C J Z R R E A D R V R H S L
A O N R A S E N E T R A G C K I
N B T F N T C R V N D P Q E O N
K S M H G S W T Y S Z X E R A T
```

BUSCH
BAUM
BANK
RASEN
TEICH
BLUME
GARAGE
HÄNGEMATTE
GRAS
OBSTGARTEN

GARTEN
UNKRAUT
SCHLAUCH
SCHAUFEL
VERANDA
RECHEN
BODEN
TERRASSE
TRAMPOLIN
ZAUN

19 - Países #2

```
A  Ö  S  T  E  R  R  E  I  C  H  Q  J  L  Y  V
D  L  Q  K  F  R  O  Ä  T  H  I  O  P  I  E  N
M  A  B  B  R  M  Y  N  E  C  U  U  D  R  E  E
E  D  N  A  L  R  I  E  W  I  G  K  H  U  Z  I
X  Y  G  F  N  G  Z  I  B  E  A  R  F  S  P  R
I  J  D  G  I  I  Q  S  Y  R  N  A  H  S  A  Y
K  J  A  P  A  N  E  E  N  K  D  I  T  L  K  S
O  G  N  I  Z  Y  P  N  L  N  A  N  P  A  I  O
J  A  M  A  I  K  A  O  I  A  R  E  G  N  S  A
A  X  J  Q  Z  U  X  D  C  R  G  K  J  D  T  P
C  C  K  W  I  X  J  N  O  F  U  U  L  S  A  G
A  U  S  T  R  A  L  I  E  N  N  I  T  A  N  U
D  Ä  N  E  M  A  R  K  M  E  S  K  G  R  O  C
G  R  I  E  C  H  E  N  L  A  N  D  Y  Z  O  S
J  B  B  L  V  L  N  W  T  K  L  K  Y  C  X  P
O  V  S  N  Y  B  G  H  U  S  U  D  A  N  D  Z
```

ALBANIEN	JAPAN
AUSTRALIEN	LAOS
ÖSTERREICH	MEXIKO
DÄNEMARK	PAKISTAN
ÄTHIOPIEN	PORTUGAL
FRANKREICH	RUSSLAND
GRIECHENLAND	SYRIEN
INDONESIEN	SUDAN
IRLAND	UKRAINE
JAMAIKA	UGANDA

20 - Números

```
S  N  G  S  N  K  A  V  N  R  S  Y  D  P  Z  V
R  E  I  V  R  Q  X  Q  W  S  F  J  D  W  K  T
S  A  C  S  Q  D  G  R  S  I  E  X  P  K  Y  Y
S  X  C  H  D  R  E  I  G  E  O  G  V  L  Q  W
O  M  S  H  S  Z  W  E  I  B  V  C  P  S  N  O
H  X  E  P  T  Y  Z  L  N  E  B  P  E  K  J  O
Z  F  C  E  A  Z  Q  N  F  N  O  P  N  L  R  T
W  F  H  I  D  O  E  V  C  H  A  I  G  U  V  H
A  Q  Z  M  G  A  W  H  T  E  W  R  V  M  S  B
N  V  E  M  Y  B  B  C  N  Z  G  N  B  F  O  Z
Z  S  H  M  I  C  K  D  V  I  E  R  Z  E  H  N
I  I  N  N  F  L  Ö  W  Z  F  Ü  N  F  M  P  N
G  A  T  R  E  L  A  M  I  Z  E  D  O  L  C  J
A  Y  S  R  X  U  F  Ü  N  F  Z  E  H  N  G  X
A  C  H  T  P  N  N  H  E  Z  N  U  E  N  C  N
D  R  E  I  Z  E  H  N  S  I  E  B  Z  E  H  N
```

VIERZEHN	ZWÖLF
NULL	ZWEI
FÜNF	NEUN
VIER	ACHT
DEZIMAL	FÜNFZEHN
NEUNZEHN	SECHS
ACHTZEHN	SIEBEN
SECHZEHN	DREIZEHN
SIEBZEHN	DREI
ZEHN	ZWANZIG

21 - Física

```
M N K I S W P M L C V I S X M E
V O W P O L J V N H U Z S P A L
A I L T F A R K R E W H C S G E
R S A E L Z T L O M M Q T U N K
I N S S K H I F T I K Ä A E T
A A R S I Ü X L O S C Q T E T R
B P E A N T L C M C I C I X I O
L X V M A N Q B H H I A V W S N
E E I Y H Y N V R A B U I M M D
S W N A C L L E M R O F T L U I
E R U L E K I T R A P S A G S C
A T O M M N U K L E A R L K T H
M R H P Y N V F R E Q U E N Z T
N O T S T I B I Q J W C R L R E
U M N N U M E O L W Z P F L S G
R Q S I J Y H Y V O Q X L W H P
```

ATOM
CHAOS
DICHTE
ELEKTRON
EXPANSION
FORMEL
FREQUENZ
GAS
SCHWERKRAFT
MAGNETISMUS

MASSE
MECHANIK
MOLEKÜL
MOTOR
NUKLEAR
PARTIKEL
CHEMISCH
RELATIVITÄT
UNIVERSAL
VARIABLE

22 - Belleza

```
C V P K A W F S L O C K E N L E
K P U O A I O P C S V V N M I L
O Y A S I M T I F H E L K H P E
J M R M N P O E T O A A G A P G
Q D P E S E G G A E O R Z U E A
X I X T J R E E A M K H M T N N
U P S I G N N L D E E K C E S T
G A V K E T K U D O R P Z Y T S
B L D Q B U U S S R E F D Z I I
C T A Z U S C W L D H A U N F L
C J W T J C F S S L C S K A T Y
U J K L T H U D C V S I M G G T
A N M U T E U U U F A R B E B S
X K L Y T C Ö L E F N H N L V J
S H A M P O O W Q Q T I X E Y Q
T J J I Z A J A A U Z E H Q S A
```

ÖLE
SHAMPOO
FARBE
KOSMETIK
ELEGANZ
ELEGANT
CHARME
SPIEGEL
STYLIST
FOTOGEN

DUFT
ANMUT
HAUT
LIPPENSTIFT
PRODUKTE
LOCKEN
WIMPERNTUSCHE
GLATT
SCHERE

23 - Países #1

```
H A R G E N T I N I E N P V L B
P O V E N E Z U E L A X H Z Y R
O P N O X I L A M E T C I J X A
Q M K D X M T N N E I G L E B S
P Y O D U R G A E C P J I L M I
N K E G E R B D L V L D P I A L
I N D I E N A C O I Y D P B R I
I X E U P H D S P S E T I Y O E
D E U T S C H L A N D N N E K N
K X D X U W R O D A U C E N K E
N O R W E G E N A C M X N U O T
N Q D U Z S J Z N I M A K R C P
K G U B S M X T A L U C N C Q Y
L H O V Q Q H T K X Q Q L A O G
N I C A R A G U A J W X O E P Ä
L S F F N N B S P A N I E N I Y
```

DEUTSCHLAND	INDIEN
ARGENTINIEN	ITALIEN
BELGIEN	LIBYEN
BRASILIEN	MALI
KANADA	MAROKKO
ECUADOR	NICARAGUA
ÄGYPTEN	NORWEGEN
SPANIEN	PANAMA
PHILIPPINEN	POLEN
HONDURAS	VENEZUELA

24 - Mitología

```
J A U X H E L D O X H N E C D R
K R E A T I O N I D L E H S O A
L V E I F E R S U C H T P I N A
R E E G Q O Q B H A D I O D N W
D H G R E P Q S I G A E R K E S
E C D E H I H E M G R H T D R T
B A G B N A R H M T C T S N U Ä
J R S B Z D L K E R H T A J T R
B L I T Z R E T L B E O T F A K
M O N S T E R K E X T G A H E E
S T E R B L I C H N Y J K M R C
L A B Y R I N T H T P N P Y K X
K U L T U R O U B W Q L B N D U
W N H D X T Q N B I I U C G B Q
S I R H K R D C J C F A Z X K V
K M N U A I G I I A R B B X G Z
```

ARCHETYP
EIFERSUCHT
HIMMEL
VERHALTEN
KREATION
KREATUR
KULTUR
GOTTHEITEN
KATASTROPHE
STÄRKE

KRIEGER
HELDIN
HELD
LABYRINTH
LEGENDE
MONSTER
STERBLICH
BLITZ
DONNER
RACHE

25 - Ecología

```
R  K  H  E  U  C  O  S  F  F  D  N  B  G  M  Ü
F  B  U  C  V  D  B  G  U  D  L  D  U  I  A  B
V  I  E  L  F  A  L  T  P  M  W  O  C  T  R  E
O  M  J  Z  Q  W  W  S  N  J  P  T  R  L  I  R
R  E  S  S  O  U  R  C  E  N  V  F  J  A  N  L
N  K  Y  L  H  C  I  L  R  Ü  T  A  N  H  E  E
F  A  U  N  A  R  W  U  B  E  R  H  S  H  W  B
D  Ü  R  R  E  I  Y  E  E  R  X  C  N  C  G  E
Y  F  B  X  M  T  Q  R  R  H  E  S  D  A  L  N
U  A  M  E  W  A  N  U  G  Z  W  N  Z  N  O  I
M  F  H  N  W  A  R  T  E  F  O  I  H  R  B  L
L  E  B  E  N  S  R  A  U  M  M  E  J  P  A  Z
Q  Z  Y  K  Q  Q  F  N  A  K  Q  M  Z  C  L  V
V  E  G  E  T  A  T  I  O  N  A  E  T  U  K  D
P  F  L  A  N  Z  E  N  O  C  H  G  A  T  U  R
C  R  A  Q  I  N  K  L  I  M  A  C  Q  K  B  S
```

KLIMA
GEMEINSCHAFT
VIELFALT
ART
FAUNA
FLORA
GLOBAL
LEBENSRAUM
MARINE
BERGE

NATÜRLICH
NATUR
SUMPF
PFLANZEN
RESSOURCEN
DÜRRE
NACHHALTIG
ÜBERLEBEN
VEGETATION

26 - Casa

```
D  J  V  L  T  K  D  W  I  N  H  I  M  B  Y  K
A  E  Q  F  M  Q  M  F  X  W  B  S  J  T  Ü  R
C  X  O  Q  H  H  O  I  B  J  E  I  R  H  V  E
H  C  I  P  P  E  T  Y  Z  Z  W  C  M  A  G  T
B  K  E  B  X  I  Y  Q  M  B  N  Z  X  F  U  S
O  W  R  E  M  M  I  Z  F  A  L  H  C  S  G  N
D  A  A  P  R  D  K  K  K  Ü  C  H  E  H  I  E
E  N  D  M  C  A  A  N  E  T  R  A  G  J  Z  F
N  D  U  A  J  P  M  R  O  L  E  G  E  I  P  S
U  A  L  L  C  Z  I  J  O  R  L  O  F  W  Z  V
A  J  U  S  J  H  N  H  A  H  R  E  S  S  A  W
Z  K  W  N  G  K  Z  N  E  D  O  B  R  M  R  L
B  I  B  L  I  O  T  H  E  K  D  U  S  C  H  E
F  V  A  S  Z  N  P  S  R  S  W  B  W  A  T  N
T  J  I  D  N  R  N  S  Z  Q  E  G  A  R  A  G
G  F  O  Y  E  I  W  K  J  Y  G  B  R  F  R  E
```

TEPPICH	WASSERHAHN
DACHBODEN	GARTEN
BIBLIOTHEK	LAMPE
KAMIN	WAND
KÜCHE	BODEN
SCHLAFZIMMER	TÜR
DUSCHE	KELLER
BESEN	DACH
SPIEGEL	ZAUN
GARAGE	FENSTER

27 - Artes Visuales

```
K  S  T  F  I  T  S  I  E  L  B  W  N  F  V  X
C  Ü  K  J  Y  X  S  T  B  B  O  A  W  Z  F  Y
A  K  N  U  F  O  T  O  A  M  I  C  J  Y  F  U
L  R  K  S  L  A  V  I  U  F  L  H  V  X  V  F
Q  E  L  I  T  P  P  W  V  G  F  S  Q  F  T  A
K  W  R  B  Z  L  T  Y  G  Z  F  E  T  O  N  R
R  R  R  C  N  X  E  U  H  R  P  P  L  F  A  C
E  E  W  C  Z  D  D  R  R  W  S  Y  L  E  V  H
I  T  M  U  C  E  L  H  O  K  Z  L  O  H  I  I
D  S  T  B  J  T  Ä  W  I  M  U  C  B  V  D  T
E  I  D  H  J  Y  M  P  O  R  T  R  Ä  T  P  E
T  E  V  I  T  K  E  P  S  R  E  P  F  Q  S  K
F  M  L  I  F  I  G  U  W  E  Z  D  V  R  T  T
Z  C  V  M  P  I  L  K  E  R  A  M  I  K  I  U
K  R  E  A  T  I  V  I  T  Ä  T  K  U  D  F  R
V  S  C  H  A  B  L  O  N  E  K  P  J  Q  T  K
```

TON	FOTO
ARCHITEKTUR	BLEISTIFT
KÜNSTLER	MEISTERWERK
LACK	FILM
STAFFELEI	PERSPEKTIVE
HOLZKOHLE	GEMÄLDE
WACHS	SCHABLONE
KERAMIK	STIFT
KREATIVITÄT	PORTRÄT
SKULPTUR	KREIDE

28 - Salud y Bienestar #2

```
V B E D N U S E G J Y L W Q G V
I O R O I K M I G B J I L B E E
T D N K R Ä F M Q A S T R O W R
A J Ä R Z P T O S U S T N R I D
M R H A J R N T E X E S R G C A
I N R N B M Y A C O R U A T H U
N O U K I T E N E G T A N M T U
A C N H R T Y A L Z S H J F M N
Q L G E I G R E L L A N A P T G
E Z Z I C U E B L U T E P B Q N
N N J T I X V M I L C K P J L P
E P E P W N O U X J G N E Y Z H
I E V R X X C T C Z F A T D U W
G T C R G X E N M Q A R I C Q P
Y Q H M E I R O L A K K T O B B
H O Z M J U E I N F E K T I O N
```

ALLERGIE
ANATOMIE
APPETIT
KALORIE
DIÄT
VERDAUUNG
ENERGIE
KRANKHEIT
STRESS
GENETIK

HYGIENE
KRANKENHAUS
INFEKTION
MASSAGE
ERNÄHRUNG
GEWICHT
RECOVERY
GESUND
BLUT
VITAMIN

29 - Colores

```
P S A M B K K A T G N B E I G E
U A R G K R L F O W U A H L E G
R S Z E A G S A X E I S R G K N
P V A Q P M V W M P A Y I E B A
U G R Ü N A F U C H S I E L M R
R A J J U G V Y N H S W A B U O
B W D Z A E A V X C I E Q O D O
Z W P F R N Y P I S E R N C T S
R V K L B T P C N J W P V Z V O
A O E N I A M I T W H B D I N N
W T T T E L O I V F T Z N N Z U
H B L A U U A L B R U Z A D G I
C R O U B F I S I U Q T Y I V M
S O T L B Z P U O K A O Z G D S
E Z P J Q E E I Y R E D B O M D
Q F L G Q R S W U S R J C O T H
```

GELB	MAGENTA
BLAU	BRAUN
AZURBLAU	ORANGE
BEIGE	SCHWARZ
WEISS	LILA
PURPUR	ROT
ZYAN	ROSA
FUCHSIE	SEPIA
GRAU	GRÜN
INDIGO	VIOLETT

30 - Adjetivos #1

```
R  O  W  Y  G  G  E  T  M  L  L  E  H  M  L  Q
D  N  J  R  U  B  H  X  G  H  A  F  M  A  C  C
D  C  J  I  Y  S  R  K  R  C  U  N  J  U  N  G
U  U  L  A  C  T  G  I  S  E  I  R  G  C  X  Z
N  A  N  T  Y  N  E  I  F  L  N  T  N  S  Y  U
S  T  S  K  R  Q  I  J  T  U  L  O  S  B  A  I
C  T  E  E  E  M  Z  O  O  H  G  R  O  S  S  M
H  R  D  F  W  L  I  I  O  Q  C  N  S  R  O  R
U  A  W  R  H  P  G  E  G  D  D  I  E  M  Y  Y
L  K  E  E  C  I  S  A  K  T  I  V  W  X  I  R
D  T  H  P  S  A  R  O  M  A  T  I  S  C  H  V
I  I  R  N  A  T  G  R  O  S  S  Z  Ü  G  I  G
G  V  L  E  R  N  S  T  M  O  D  E  R  N  H  K
I  P  I  W  E  R  T  V  O  L  L  O  H  G  T  G
E  S  C  H  G  K  J  G  K  R  C  Y  M  G  F  O
N  G  H  X  J  Q  K  B  Q  S  Z  J  Z  U  Q  Y
```

ABSOLUT
AKTIV
EHRGEIZIG
AROMATISCH
ATTRAKTIV
HELL
RIESIG
GROSSZÜGIG
GROSS
EHRLICH

WICHTIG
UNSCHULDIG
JUNG
LANGSAM
MODERN
DUNKEL
PERFEKT
SCHWER
ERNST
WERTVOLL

31 - Familia

```
R  M  D  W  B  D  U  R  E  T  H  C  O  T  W  G
H  Z  U  P  S  M  P  E  H  Z  P  X  W  A  R  R
X  H  R  T  X  O  M  T  K  A  Y  Z  S  N  U  O
F  Z  P  W  T  L  O  S  S  D  F  X  H  T  N  S
K  I  N  D  U  E  J  E  T  H  C  R  N  E  I  S
B  D  F  K  F  F  R  W  Z  G  A  E  O  F  C  M
M  N  R  C  L  F  C  H  R  R  D  D  W  V  H  U
V  Ü  E  N  K  E  L  C  I  O  T  N  O  X  T  T
G  R  T  D  F  N  E  S  H  S  C  I  J  J  E  T
P  J  T  T  Z  M  K  P  Y  S  P  K  V  M  O  E
L  D  E  E  E  G  N  Z  Z  V  G  Q  A  E  C  R
C  X  V  Z  D  R  O  Q  I  A  N  Q  T  P  Q  Q
Z  H  L  C  L  R  L  J  N  T  Y  L  E  Z  R  H
E  H  E  F  R  A  U  I  L  E  Z  T  R  O  Q  K
E  H  E  M  A  N  N  G  C  R  B  R  U  D  E  R
K  I  N  D  H  E  I  T  X  H  C  Q  U  X  X  I
```

GROSSMUTTER	MÜTTERLICH
GROSSVATER	ENKEL
VORFAHR	KIND
EHEFRAU	KINDER
SCHWESTER	VATER
BRUDER	VETTER
TOCHTER	NICHTE
KINDHEIT	NEFFE
MUTTER	TANTE
EHEMANN	ONKEL

32 - Disciplinas Científicas

```
M T H E R M O D Y N A M I K W V
I E I M O N O R T S A D U U A X
M I C Z J T K E Ö B B C G S A U
M G Z H C Y I L K I B C W E N E
U O O R A V T Q O O U C K I E C
N L O G I N S L L L X E K M H X
O O L C D A I L O O E I M E H C
L I O W V D U K G G M G Q H W X
O Z G M P V G O I I L O E C G V
G O I I F X N B E E S L K O Q L
I S E F M T I I B O T A N I K O
E O E I G O L O Ä H C R A B A G
P H Y S I O L O G I E E K V V U
M B G E O L O G I E X N A F P J
A N A T O M I E V K J I L T O F
N E U R O L O G I E L M K N Y Z
```

ANATOMIE	IMMUNOLOGIE
ARCHÄOLOGIE	LINGUISTIK
ASTRONOMIE	MECHANIK
BIOLOGIE	MINERALOGIE
BIOCHEMIE	NEUROLOGIE
BOTANIK	CHEMIE
ÖKOLOGIE	SOZIOLOGIE
PHYSIOLOGIE	THERMODYNAMIK
GEOLOGIE	ZOOLOGIE

33 - Moda

```
K B H K A I M S X T C T J M U O
I J P C Z S P H T B E Z C U L R
K L E I D U N G E I H F O S P I
N Y I E L I D S K N C I D T J G
M Y K T L G C U K Z A K N E U I
Q U P Y S E H N M G F M E R J N
S P I T Z E G E D G N S R R Z A
B X I P R Z V A C F I T T P E L
J K W W K C U O N K E O P O H I
B O U T I Q U E K T Q F F B R M
J R H I F L T M R K P F L Q Z W
D Q T S U O E M O D E R N N K M
X S T F T F U P R A K T I S C H
V E H Y Y N E D I E H C S E B Z
T A S T E N R Z S D V V R U I P
Q K F E R S C H W I N G L I C H
```

ERSCHWINGLICH   BESCHEIDEN
STICKEREI   ORIGINAL
TASTEN   MUSTER
BOUTIQUE   PRAKTISCH
TEUER   KLEIDUNG
ELEGANT   EINFACH
SPITZE   STOFF
STIL   TREND
MODERN

34 - Electricidad

```
O  S  L  E  N  I  N  U  Y  D  T  N  P  D  N  A
N  T  A  R  O  Z  V  T  U  Y  Q  J  H  C  E  U
Y  E  G  M  F  O  R  O  F  F  C  L  L  F  G  S
L  C  E  A  E  R  Q  E  D  Z  U  M  U  E  A  R
A  K  R  E  L  E  K  T  R  I  S  C  H  R  T  Ü
M  D  U  T  E  K  R  K  L  Y  E  H  C  N  I  S
P  O  N  H  T  I  E  E  A  A  C  N  R  S  V  T
E  S  G  Ä  J  R  W  J  D  B  S  F  N  E  I  U
I  E  L  R  O  T  Z  B  W  D  E  E  P  H  T  N
R  F  J  D  M  K  T  O  I  Z  J  L  R  E  I  G
M  T  W  V  N  E  E  O  D  B  R  G  G  N  S  K
G  A  A  D  Y  L  N  G  E  N  E  R  A  T  O  R
A  S  J  A  L  E  T  G  M  A  G  N  E  T  P  Q
A  M  M  Z  X  W  E  R  E  I  R  E  T  T  A  B
O  S  Z  I  R  I  V  P  Q  K  J  B  C  R  G  D
P  W  Y  B  R  L  J  H  A  W  V  K  P  N  F  W
```

LAGERUNG   MAGNET
BATTERIE   LAMPE
KABEL   LASER
DRÄHTE   NEGATIV
MENGE   OBJEKTE
ELEKTRIKER   POSITIV
ELEKTRISCH   NETZWERK
STECKDOSE   FERNSEHEN
AUSRÜSTUNG   TELEFON
GENERATOR

35 - Salud y Bienestar #1

```
M U S K E L L H V I R U S Q L T
F J U G N U N N A P S T N E Y H
R D X Y V I Y T J L F S G N M E
X M E D I Z I N I O T J Y I C R
J R M L T K S R T S T U T J I A
T K U C K Y P E I B R R N N B P
I X C Q A J U F E Z R D X G A I
E D Z T Q E G L X O J R W W K E
H O R M O N E E E J M K P S D T C
N C U E H V H X D O L U A A E U
H M T K G S C E U G I X R E R H
O O K M R N E H C O N K Z Y I M
W P A S A L U Ö I Z I H T D E O
E Y R W C P A H W A K H A L N G
G E F A P O T H E K E B S U R C
B E H A N D L U N G M I Z X T J
```

AKTIV	KNOCHEN
HÖHE	MEDIZIN
BAKTERIEN	MUSKEL
KLINIK	HAUT
ARZT	HALTUNG
APOTHEKE	REFLEX
FRAKTUR	ENTSPANNUNG
HUNGER	THERAPIE
GEWOHNHEIT	BEHANDLUNG
HORMONE	VIRUS

36 - Adjetivos #2

```
Y  W  B  Z  B  N  C  W  S  Y  Q  F  V  J  M  I
S  L  H  N  S  T  M  H  Ü  R  E  B  J  D  Ü  N
M  Ü  S  E  D  H  C  I  L  R  Ü  T  A  N  D  T
L  K  S  U  S  A  L  Z  I  G  Z  C  U  E  E  E
R  A  B  S  S  E  T  X  P  T  F  I  L  B  R  R
P  R  O  D  U  K  T  I  V  R  Q  E  G  I  Q  E
G  E  S  U  N  D  F  H  Z  O  R  L  C  E  Z  S
K  S  K  V  G  M  U  C  Y  C  W  E  U  R  B  S
L  P  L  T  L  Y  S  S  F  K  L  G  C  H  P  A
F  A  N  T  E  Q  X  I  N  E  Z  A  T  C  E  N
K  R  E  A  T  I  V  T  M  N  B  N  S  S  L  T
R  L  V  B  S  S  G  A  S  P  O  T  N  E  M  Y
A  X  Z  Y  B  U  H  M  V  T  W  W  A  B  J  P
T  J  U  K  E  C  L  A  M  R  O  N  H  T  A  W
S  R  Q  G  E  K  X  R  L  Y  U  L  O  Q  F  O
F  R  I  S  C  H  T  D  R  Z  U  O  Z  B  K  K
```

MÜDE	INTERESSANT
ESSBAR	NATÜRLICH
KREATIV	NORMAL
BESCHREIBEND	NEU
DRAMATISCH	STOLZ
SÜSS	WÜRZIG
ELEGANT	PRODUKTIV
BERÜHMT	SALZIG
FRISCH	GESUND
STARK	TROCKEN

37 - Cuerpo Humano

```
X  F  O  O  M  R  G  K  J  E  G  A  V  J  E  T
A  F  W  B  P  T  E  U  Y  T  H  F  P  V  G  B
U  K  Z  B  I  D  S  E  L  L  B  O  G  E  N  T
G  Z  T  S  C  F  I  G  D  A  Z  L  H  A  U  T
E  U  Q  E  W  S  C  T  G  O  H  R  K  R  Z  E
R  A  J  J  V  S  H  C  K  D  Q  Z  E  H  L  M
S  N  T  E  A  M  T  L  B  E  I  N  X  H  E  X
L  C  G  U  Z  O  D  Z  L  I  D  R  L  H  H  D
A  N  H  P  H  C  T  L  M  N  N  I  K  D  C  E
H  L  H  U  N  Q  A  I  X  K  U  H  D  N  Ö  I
H  C  T  I  L  O  U  O  T  Z  M  E  S  A  N  E
N  R  M  S  R  T  K  P  T  G  L  G  T  H  K  Q
F  W  B  Q  C  U  E  G  L  P  U  Q  M  X  O  G
L  U  J  D  V  T  H  R  E  G  N  I  F  I  P  Y
Y  N  A  J  Y  W  K  L  V  K  B  L  U  T  F  H
N  G  N  O  G  Y  D  J  I  D  O  Q  W  I  R  H
```

KINN	ZUNGE
MUND	HAND
KOPF	NASE
GESICHT	AUGE
GEHIRN	OHR
ELLBOGEN	HAUT
HERZ	BEIN
HALS	KNIE
FINGER	BLUT
SCHULTER	KNÖCHEL

38 - Restaurante #2

```
K Z H I F V S W B L Q L W D T S
E E Z R Ü W E G E P P U S A E F
S A L H U T S U I W G O D U Z A
I A B L M G S C S E A O V H G V
E G L R N E H C U K B W K C J M
P U R A S E L X H I E J X I X I
S A A K T S R Ö F M L S A L Z T
R B J F H Ü E G F Q L R V T F T
O E O Z C M I E Y F B I C S L A
V N W R U E E T S Q E I Y Ö W G
I D K T R G D R D F Q L N K R E
S E V L F M N Ä R C J Q L C P S
V S O F W E U N K E P A X Y R S
H S B F F B N K X C F I S C H E
Y E W A S S E R P U L Q C P M N
J N Q L D E Q O M Y M P X X V U
```

WASSER	FRUCHT
MITTAGESSEN	EIS
VORSPEISE	EIER
GETRÄNK	KUCHEN
KELLNER	FISCH
ABENDESSEN	SALZ
LÖFFEL	STUHL
KÖSTLICH	SUPPE
SALAT	GABEL
GEWÜRZE	GEMÜSE

39 - Profesiones #1

```
C M R E T F A H C S T O B Q O I
J Ä G E R J Y B A M N Ä N N V I
K L E M P N E R T Z U N N M T L
G T R O T I D E H J X S E Z Q W
E R E N Z C F I L R M Z I O E Z
O A O O R E M L E V H R U K F R
L I S R A A G E T N N A M E E S
O N I T R O G W P I A N I S T R
G E D S E E F U M B Z D J C C M
E R R A I O N J M N H G J X J B
R E C H T S A N W A L T D X C A
F E U E R W E H R M A N N H B N
A R Z T R P S Y C H O L O G E K
H C F T F C T O E S Q S T D D I
C A Y V Y K A R T O G R A P H E
P S P N Q P S O Q L S U A Y A R
```

RECHTSANWALT	BOTSCHAFTER
ASTRONOM	TRAINER
ATHLET	KLEMPNER
TÄNZER	GEOLOGE
BANKIER	JUWELIER
FEUERWEHRMANN	SEEMANN
KARTOGRAPH	MUSIKER
JÄGER	PIANIST
ARZT	PSYCHOLOGE
EDITOR	TIERARZT

40 - Vehículos

```
H T U U W J M Y Z Y F L O S S T
K B B J B M Z A T D B Y T K M L
F R O T K A R T O M N N U R L E
F D O O B W H G S T Y O A A X A
B A T T O E A N A V U C H N L P
M U H T R F R S C H J L O K K O
Y Z S R Q C U M M O T O R E W K
E U N T R F L U G Z E U G N Z U
J W F W T A J I Y K S A P W U N
C H N T I Q D X M G A G T A G D
H U B S C H R A U B E R O G C E
N I M D Y A X T A D R B E E L Q
R A K E T E S E X X H T S N A X
W O H N W A G E N X Ä B O O T Q
P U K W U E S V C F F Z U Y Z N
N N N S S N D Z R E I F E N P D
```

KRANKENWAGEN
BUS
FLUGZEUG
FLOSS
BOOT
FAHRRAD
LKW
WOHNWAGEN
AUTO
RAKETE

FÄHRE
VAN
HUBSCHRAUBER
U-BAHN
MOTOR
REIFEN
U-BOOT
TAXI
TRAKTOR
ZUG

41 - Geometría

```
E P D T P F S I M U L I E T N A
J A U H U E X Y C D R E I E C K
L R R E H Ö S I K T V K M C C
O A C O G X I R U U A R X N J V
G L H R N L M A S S E U O O I E
I L M I U X E I O X J K S I S W
K E E E N X J I C T V N F S Y H
D L S Q H X U R C Y J B I N M O
K A S M C P B P T H A T N E M R
W K E H E K A A B N U D W M E I
P I R Z R C Z Q T U E N W I T Z
J T S F E U I N N M C M G D R O
H R S W B K P U K M G F G D I N
M E D I A N X G O E M J D E E T
C V C F C L U G V R Q O R V S A
O B E R F L Ä C H E Z E Q Q E L
```

HÖHE	MEDIAN
WINKEL	NUMMER
BERECHNUNG	PARALLEL
KURVE	ANTEIL
DURCHMESSER	SEGMENT
DIMENSION	SYMMETRIE
GLEICHUNG	OBERFLÄCHE
HORIZONTAL	THEORIE
LOGIK	DREIECK
MASSE	VERTIKAL

42 - Vacaciones #2

```
V R X N R X F M S O M B E H M T
C L D C X R B R R K R Q T A X I
Q O N O A B B G Z Q J U F Y P E
B U A L R U X G Z T Z C T W A Z
X F R E S T A U R A N T I T W I
D L T S J F X Z H A J F N O Y E
G U S I Z D U D E Z M U S I V R
K G H E A E G R E B Z S E D M F
S H U R G U L E I Z P Z L K H F
Z A M Y S Z S T P T Y A R O O M
P F K A R T E L J W Q E S N T E
L E D R D W H Ä N R R O S E E E
A N E C T R O P S N A R T P L R
L P Y Q R P Q D P P D S O R X O
G U F D J P A S X G T E F D O S
V Y P H W C Y A F B O I R G J Z
```

FLUGHAFEN
ZELT
ZIEL
AUSLÄNDER
FOTOS
HOTEL
INSEL
KARTE
MEER
BERGE

FREIZEIT
PASS
STRAND
RESTAURANT
TAXI
TRANSPORT
ZUG
URLAUB
REISE
VISUM

43 - Baile

```
Q K P L X H C S I S S A L K N N
Z U A L Q F V P F D C L Z I F N
U L R O W Z I R P Q R L P J L Q
B T T V R E P I N N K S Y G F S
V U N S V G G N R H Y T H M U S
O R E K V O H G Z O B C M B P Q
Z E R C B K U E E F G Z P Y C K
K L T U M N A N M G C X W Y I U
G L T R E P R Ö K A T N F L M H
H I M D B E W E G U N G A L A T
A C D S T R A D I T I O N E L L
L V M U S I K V I S U E L L N M
T C P A E I M E D A K A B Q T U
U Q E S V R V L P R K U N S T J
N V Z N W Y F P L N P R O B E I
G K U L T U R D A E M O T I O N
```

AKADEMIE
FREUDIG
KUNST
KLASSISCH
KÖRPER
KULTUR
KULTURELL
EMOTION
PROBE
AUSDRUCKSVOLL

ANMUT
BEWEGUNG
MUSIK
HALTUNG
RHYTHMUS
SPRINGEN
PARTNER
TRADITIONELL
VISUELL

44 - Matemáticas

```
Q R G A E Q U A D R A T P J M R
B A L P X L Y R R G J E B M D E
H D E A P P S G T D N B O M Y C
U I I R O X E I R T E M M Y S H
M U C A N S J J L B L Z X E U T
F S H L E K I T E M H T I R A E
A Z U L N C W G O M A V Z M G C
N F N E T E E I E A Z O D U A K
G V G L L I Q Z N O E G B Z Z L
V O A F G E V W I K M Y H R G F
G T H C E R K N E S E E D E R X
M R H W Q D L G W K J L T E T E
P O L Y G O N T A V M A C R N K
B R U C H T E I L C I P T J I C
D U R C H M E S S E R C N V P E
V O L U M E N Y Y K U G E L E L
```

ARITHMETIK	GEOMETRIE
WINKEL	ZAHLEN
UMFANG	PARALLEL
QUADRAT	SENKRECHT
DEZIMAL	POLYGON
DURCHMESSER	RADIUS
GLEICHUNG	RECHTECK
KUGEL	SYMMETRIE
EXPONENT	DREIECK
BRUCHTEIL	VOLUMEN

45 - Profesiones #2

```
L R J G R U R I H C E S J B Z P
R H K Ä E R F I N D E R O I O I
U S S R F O R S C H E R U O O L
E H A T J G E T T D Z A R L L O
I D B N N K R U E E A K N O O T
N L N E K J H A U F V E A G G S
E B L R D R E N S O C H L E E I
G S O U M W L O Y T N T I I M U
N A M H S U G R M O U O S T A G
I R Y K C T I T Y G D I T T R N
R Z G B T X R S J R X L V Z S I
D T M A L E R A U A E B H W R L
Z A H N A R Z T T F C I J V B Z
P H I L O S O P H O Q B J M R V
D E T E K T I V F H R P R M Y Z
B M U O A N Z B E Y S F O L P P
```

ASTRONAUT
BIBLIOTHEKAR
BIOLOGE
CHIRURG
ZAHNARZT
DETEKTIV
PHILOSOPH
FOTOGRAF
ILLUSTRATOR
INGENIEUR

ERFINDER
FORSCHER
GÄRTNER
LINGUIST
ARZT
JOURNALIST
PILOT
MALER
LEHRER
ZOOLOGE

46 - Senderismo

```
K  S  O  W  R  T  F  N  F  Ü  H  R  E  R  C  P
B  L  A  S  J  I  S  A  M  I  L  K  R  N  A  A
S  E  I  L  R  E  O  T  C  M  R  A  R  L  M  R
P  F  V  P  N  R  B  U  M  M  Y  Z  T  W  P  K
C  E  J  K  P  E  E  R  Z  M  G  W  B  I  I  S
W  I  P  B  S  E  R  R  M  V  G  I  C  U  N  M
A  T  Z  Y  U  N  G  E  T  R  A  K  P  N  G  C
T  S  M  L  V  I  U  W  L  T  C  D  X  F  M  R
L  V  C  W  Z  E  T  H  A  D  D  D  X  A  E  A
Y  A  H  D  G  T  D  C  B  S  S  O  F  P  A  L
V  S  O  C  C  S  L  S  Y  G  S  Y  F  S  E  W
K  P  Q  J  F  U  O  V  C  L  E  E  D  Ü  M  I
V  O  R  B  E  R  E  I  T  U  N  G  R  C  L  L
O  R  I  E  N  T  I  E  R  U  N  G  F  Z  J  D
Q  T  U  Q  D  F  V  U  B  U  O  R  O  I  Q  H
T  K  G  M  S  T  W  Q  B  X  S  G  I  J  U  Z
```

KLIPPE
WASSER
TIERE
STIEFEL
CAMPING
MÜDE
KLIMA
GIPFEL
FÜHRER
KARTE

BERG
NATUR
ORIENTIERUNG
PARKS
SCHWER
STEINE
VORBEREITUNG
WILD
SONNE

47 - Naturaleza

```
H B V S F R I E D L I C H Z F F
R B F C Y J F G B C P S Y E G L
P L Z H C S I M A N Y D L I W U
G D K Ö T M S V J U Z T U H C S
E V Y N Y R G Y J D A O A V M S
U M K H B Z O A L Z I R V M V B
N E N E I B W P P Z E G K U U J
U A N I Z D E J I J G B G T C X
G I P T J T S M J S U S L G I E
E M Q I W C T L O Z C G E I X S
V H L M A M F N A G G H T L L C
C E W U L E B E N U Y M S I J H
E I Ü E D R N K B T B B C E M Q
U T S X I E D L P S W J H H Z F
Q E T V L I N O I S O R E K L C
P R E X M T Z W Z J O A R V R W
```

BIENEN
TIERE
ARKTIS
SCHÖNHEIT
WALD
WÜSTE
DYNAMISCH
EROSION
LAUB
GLETSCHER

NEBEL
WOLKEN
FRIEDLICH
SCHUTZ
FLUSS
WILD
HEILIGTUM
HEITER
TROPISCH

48 - Conduciendo

```
Y I W T S N U H Y Y E H O S Z Q
B R E N N S T O F F J Z T I B E
Y H T G D A E L L A F N U C D C
H A R V A G S K R X E E A H H D
O F A I R R S W E P T Z E E T C
I E K D R S A D P V Q I S R R I
A G N D O W R G O K Q L D H A U
M W S A T P T W L H J S Y E N U
T O R S O N S M I C F I I I S W
W D L O M I I V Z V L H S T P W
J L M O T O R C E L E R E Y O G
B R E M S E N K I J N R K C R G
F U S S G Ä N G E R N L K S T L
D G O U F I U E R Q U X E E B S
L S Q N B F M Y P T T F B M H R
T N D O N Q F U E J V W U M T R
```

UNFALL
BUS
STRASSE
LKW
AUTO
BRENNSTOFF
BREMSEN
GARAGE
GAS
LIZENZ

KARTE
MOTORRAD
MOTOR
FUSSGÄNGER
GEFAHR
POLIZEI
SICHERHEIT
TRANSPORT
VERKEHR
TUNNEL

49 - Ballet

```
C P S I X A R P J F Q C F C Z Q
H F U T X O I A D Ä F P R O B E
O A M B I C P I G H F G I P E V
R P U X L L I A N I R E L L A B
E P S O B I R W Y G G T T C K E
O L K O Y O K J N K C S P M Ü S
G A E V E E R U E E R E T C N Z
R U L I E K Z C M I E G Ä L S L
A S T Ä N Z E R H T K A T Q T T
P R H Y T H M U S E I F I C L Z
H K O M P O N I S T S I S U E B
I X L R E D G N K H U T N K R F
E S O M W R H K U K M U E O I P
H W S T E C H N I K F Q T R S X
J C N T F R L H O Y A O N K C J
G Z G U Y N P R Z J S G I O H T
```

APPLAUS
KÜNSTLERISCH
PUBLIKUM
BALLERINA
TÄNZER
KOMPONIST
CHOREOGRAPHIE
PROBE
STIL
GESTE

FÄHIGKEIT
INTENSITÄT
MUSKEL
MUSIK
ORCHESTER
PRAXIS
RHYTHMUS
SOLO
TECHNIK

50 - Aventura

```
T  I  E  H  N  Ö  H  C  S  G  U  L  F  S  U  A
I  Y  O  F  F  T  B  R  R  E  N  N  E  E  O  W
E  A  I  T  A  M  X  L  G  F  S  E  D  I  C  G
K  N  Z  B  M  U  X  A  T  Ä  H  K  U  W  Z  N
R  K  T  H  H  C  I  L  N  H  Ö  W  E  G  N  U
E  O  F  R  E  U  N  D  E  R  T  X  R  A  N  R
F  F  U  J  L  D  A  H  T  L  C  S  F  K  A  E
P  O  V  T  V  X  K  B  E  I  T  W  V  T  V  T
A  R  T  I  E  H  R  E  H  C  I  S  K  I  I  S
T  F  C  U  R  M  W  E  A  H  Y  K  Z  V  G  I
S  C  H  W  I  E  R  I  G  K  E  I  T  I  A  E
X  N  A  D  J  X  V  H  P  U  C  S  T  T  T  G
V  O  R  B  E  R  E  I  T  U  N  G  D  Ä  I  E
J  V  S  P  P  Q  N  R  S  J  A  A  S  T  O  B
N  A  T  U  R  Q  M  B  X  S  H  V  H  E  N  B
P  L  A  K  R  E  I  S  E  N  C  S  V  L  R  C
```

AKTIVITÄT	NATUR
FREUDE	NAVIGATION
FREUNDE	NEU
SCHÖNHEIT	CHANCE
ZIEL	GEFÄHRLICH
SCHWIERIGKEIT	VORBEREITUNG
BEGEISTERUNG	SICHERHEIT
AUSFLUG	TAPFERKEIT
UNGEWÖHNLICH	REISEN
ROUTE	

51 - Pájaros

```
R U G V C C G M J L C R E P J R
Y D J U U M W M R O E I Y D Q K
Z F A E S H F A S H K K J U B C
T C A K D H P Z I T K G A J Z M
A D L E R F I I E D O H P S M B
P H C K B S N A G U Y R R M H B
S B A R L K G E A R C A C L T Q
S O A U M E U A P X Y G W H O V
U N E O G N I M A L F Q O A U Y
A M T K D Y N Ö P B D C K G C W
R P K U L N A W H C S M C K A U
T H B C V A V E B U A T R L N I
S X L K N P F H T K U H R K K O
M I N U U V B Ä B N H U H O F D
W J D C V H L R S R E H I E R C
N J R K H N A K I L E P Q J Z R
```

STRAUSS   SPATZ
ADLER   FALKE
STORCH   EI
SCHWAN   PAPAGEI
KUCKUCK   TAUBE
KRÄHE   ENTE
FLAMINGO   PELIKAN
GANS   PINGUIN
REIHER   HUHN
MÖWE   TOUCAN

52 - Geografía

```
B W E S T Z H Y B I K B I K J L
L R Z K C L E S N I Z D V L H N
I E E H Ö M S M J C A S P T W
E P F I B B I U E L Z C T R R D
W E L T T N S L R C Q B K U R I
E D X N N E P F I D G E M E E R
K A R T E D H G D R U R Q T L T
Z R R D N R Ä K I P Z G P H U P
S G A A I O R O A S Ü D E N K T
V N S T T N E X N O I G E R E B
S E L S N R J V Z A W X R P V U
P G S Q O K A H Y U T E I B E G
W N X F K F J L A N D L X J S M
C Ä F D O N Y L X S X F A H Z V
P L I K D X T K V Q Y F A S D D
S A M U T S P E E K Q H E I G W
```

HÖHE	MERIDIAN
ATLAS	BERG
STADT	WELT
KONTINENT	NORDEN
HEMISPHÄRE	WEST
INSEL	LAND
BREITE	REGION
LÄNGENGRAD	FLUSS
KARTE	SÜDEN
MEER	GEBIET

53 - Música

```
P I Q X G X Y M M E L O D I E H
V E A I G L C I A B A L L A D E
M U S I K E R K U U M C C N K N
T W Y V K N O R F N U W O V L Q
X E Q S Y G H O N M S J L K A L
I W M E R P C F A K I F J P S S
V W C P M H L O H Q C N Y X S L
A V E O O C Y N M C A O K O I S
S P E C Y S W T E S L S V B S Ä
I O V Q R I X A H U R O E F C N
N E A C D N W K Q M U B L A H G
G T E I N O M R A H I O A P X E
E I A A G M H C M T B S P A G R
N S Z K H R Z I A Y E Z C E Q J
K C X T O A D U R H A B N H R R
R H C S J H S I Z R R W M I Q I
```

HARMONIE	MELODIE
HARMONISCH	MIKROFON
ALBUM	MUSICAL
BALLADE	MUSIKER
SÄNGER	OPER
SINGEN	POETISCH
KLASSISCH	RHYTHMUS
CHOR	RHYTHMISCH
AUFNAHME	TEMPO

54 - Enfermedad

```
K D Z R C P G H R V V A K U T G
S Ö M P C D N E K C E T S N A E
Y S R K X I W G N I T L L B U S
N C X P K E E E E Ä A Z W F U
D H B Y E Y L W I I T N G I E N
R W Y A W R L M G P I I X E E D
O A O R R C N E R A N M S H U H
M C E H Q G E T E R U O Z C D E
F H V M I O S A L E M D U I H I
U P Q W G R S D L H M B O L J T
P U L M O N A L A T I A K B B G
C P A D H K N O C H E N A R P T
E I H T A P O R U E N D R E A D
B O G E M T V C H R O N I S C H
X N Z Z R E N T Z Ü N D U N G V
S E H V Q Z W H W Z X U V T D I
```

ABDOMINAL	ERBLICH
AKUT	KNOCHEN
ALLERGIEN	ENTZÜNDUNG
WELLNESS	IMMUNITÄT
ANSTECKEND	NEUROPATHIE
HERZ	PULMONAL
CHRONISCH	ATEMWEGE
KÖRPER	GESUNDHEIT
SCHWACH	SYNDROM
GENETISCH	THERAPIE

55 - Actividades

```
V E R G N Ü G E N N A W G K F V
I X Z Q X J T N G E V A A U Q I
A L F M F M K U N S T N R N S Z
G M W K U P I R U S Ä D T S L A
P D D I D Z M Y N E T E E T C N
S M A G I E A Z N R I R N H J G
H P F X C D R L A E V N A A Q E
T T I O U Q E G P T I E R N D L
G I O E T B K S S N T K B D Y N
N E S E L O U O T I K C E W X E
Z K M J B E G H N E A I I E M H
J G U Ä R F E R E U S R T R S Ä
F I A L L D C H A D B T Q K A N
N H I F B D Y K V F T S X A J L
K Ä Q R Y F E Y R M I I G D K H
B F F R E I Z E I T K E J A G D
```

AKTIVITÄT	SPIELE
KUNST	LESEN
KUNSTHANDWERK	MAGIE
JAGD	FREIZEIT
KERAMIK	ANGELN
NÄHEN	GEMÄLDE
FOTOGRAFIE	VERGNÜGEN
FÄHIGKEIT	ENTSPANNUNG
INTERESSEN	WANDERN
GARTENARBEIT	STRICKEN

56 - Verduras

```
R P Q E S D Y R R S T G G H M W
W Ü W S H A N Q O E A O H C S C
C P B H T C U S O L L K M U S L
Y R Y E A R Y E A L A P R A C E
S G B F N U K A U E S E V L T R
K Ü R B I S E S B R E T O B R E
Y K F G P S K W E I K E L O E K
C N K W S X R J R E A R I N T C
P I L Z J N U S G T R S V K T O
V J P H V K G X I T T I E R I H
B R O K K O L I N O O L P M C C
Q Z W I E B E L E R F I F Z H S
E K V L E K T L D A F E L J C I
M S Z W P S J A V K E H B B N T
Q E K L L T S X J X L A L G G R
B M K R M I N G W E R E R Y E A
```

KNOBLAUCH
ARTISCHOCKE
SELLERIE
AUBERGINE
BROKKOLI
KÜRBIS
ZWIEBEL
SALAT
SPINAT
ERBSE

INGWER
RÜBE
OLIVE
KARTOFFEL
GURKE
PETERSILIE
RETTICH
PILZ
TOMATE
KAROTTE

57 - Instrumentos Musicales

```
K Q Y W W P H G Z O L L E C D Q
S C H L A G Z E U G J I T U U C
V L Q Q T O S F S T W N J U I H
P J X X D L Q C W P R H A R F E
K L A R I N E T T E H Z B B T T
Y E D E G I N K N I U N M H A Ö
P M X I I Z I O G K I S I L M L
O M F V T B L G M A G D R P B F
S O C A A H O X E S N C A N U M
A R H L R U D J T I O C M Y R X
U T Q K R H N R E E G B L G I S
N X R G E G A O P F L E O C N E
E D E Z M Z M X M G E R G E Q Z
F A G O T T C J O D V T M H F G
N D A K I N O M R A H D N U M S
S A X O P H O N T K Z W N L I G
```

MUNDHARMONIKA	OBOE
HARFE	TAMBURIN
BANJO	SCHLAGZEUG
KLARINETTE	KLAVIER
FAGOTT	SAXOPHON
FLÖTE	TROMMEL
GONG	POSAUNE
GITARRE	TROMPETE
MANDOLINE	GEIGE
MARIMBA	CELLO

58 - Formas

```
S  I  E  R  K  L  Q  V  E  L  F  H  K  C  W  X
K  E  C  L  N  O  U  G  K  L  T  Z  A  H  M  X
E  P  I  L  F  E  A  O  C  Z  L  K  U  R  V  E
G  O  J  T  J  G  D  F  E  A  X  I  N  J  K  B
E  L  M  L  E  F  R  Ü  W  R  R  D  P  R  Y  O
L  Y  H  A  P  T  A  P  R  I  S  M  A  S  B  G
E  G  Z  J  S  S  T  T  Z  F  Q  Y  K  O  E  E
B  O  P  Y  H  D  N  K  E  J  C  F  X  F  N  N
R  N  Y  D  L  C  E  O  E  T  U  Y  N  V  N  C
E  L  R  R  U  I  T  G  D  U  C  V  P  E  V  X
P  Z  A  E  B  O  N  U  W  Z  M  S  D  B  T  Z
Y  W  M  I  U  N  A  D  L  I  N  I  E  V  O  O
H  R  I  E  E  O  K  C  E  T  H  C  E  R  V  J
S  J  D  C  Y  T  G  N  G  R  F  S  K  U  A  E
D  Z  E  K  J  D  X  O  U  J  O  K  O  S  L  Z
E  V  U  I  P  K  S  B  K  Q  S  T  W  Q  U  R
```

BOGEN	ECKE
KANTEN	HYPERBEL
ZYLINDER	SEITE
KREIS	LINIE
KEGEL	OVAL
QUADRAT	PYRAMIDE
WÜRFEL	POLYGON
KURVE	PRISMA
ELLIPSE	RECHTECK
KUGEL	DREIECK

59 - Flores

```
E M U L B N E N N O S R L U I P
J T J A B R E H B I Z D O D Q F
I E A V P L R O S M S E J S N I
Q I S E G L Ü M B D U Z T K E D
V Z M N X L U T J K K N M M Z P
I L I D L U Z M E R S L I L I E
E I N E D R A G E N I T U H T S
E A J L W M Q N H R B D H D U O
L Ö W E N Z A H N Z I L A G L R
K A L L Y U L U Z N H A A Q P T
C Z K A Z U I W Z M N R G T E S
H N H H L O L S T R A U S S T G
P A S S I O N S B L U M E G U N
L O Q M M A G N O L I E B O A I
G Ä N S E B L Ü M C H E N K E F
X R C O R C H I D E E N A S N P
```

MOHN
LÖWENZAHN
GARDENIE
SONNENBLUME
HIBISKUS
JASMIN
LAVENDEL
LILA
LILIE
MAGNOLIE

GÄNSEBLÜMCHEN
ORCHIDEE
PASSIONSBLUME
PFINGSTROSE
BLÜTENBLATT
PLUMERIA
STRAUSS
ROSE
KLEE
TULPE

60 - Astronomía

```
S C K A U N I V E R S U M S S A
C J O S O M S O K M E S Z A U S
H N N T L O T C P I M L Y T P T
W Z S E E N G M G A U X B E E R
E X T R M O N D B V I O J L R O
R Z E O M R U Z Q E R D E L N N
K S L I I T L U M I O O T I O A
R B L D H S H R J X T N E T V U
A O A L K A A I Z A A W K T A T
F I T P T S R N E L V I A X E Y
T X I K L R T Y V A R U R J A M
N Z O K M A S Z H G E O Y R S D
U X N D N F N P O K S E L E T R
A W D L V G P E R K B W O B F P
M O R C H T I G T R O L H F J Z
F I N S T E R N I S P K V W U E
```

ASTEROID
ASTRONAUT
ASTRONOM
HIMMEL
RAKETE
KONSTELLATION
KOSMOS
FINSTERNIS
GALAXIE
SCHWERKRAFT

MOND
METEOR
OBSERVATORIUM
PLANET
STRAHLUNG
SATELLIT
SUPERNOVA
TELESKOP
ERDE
UNIVERSUM

61 - Tiempo

```
R  F  E  Z  P  G  N  P  E  D  U  F  F  E  J  M
V  W  I  U  Q  G  R  B  Y  A  S  A  V  W  A  O
F  N  Z  K  D  N  B  V  J  Y  F  H  K  F  H  R
X  K  G  U  H  Z  E  S  J  M  V  E  C  F  R  G
H  R  T  N  E  M  O  M  K  E  U  H  R  P  Z  E
E  E  C  F  E  T  S  E  Y  K  M  A  P  K  E  N
D  D  U  T  H  C  A  N  S  C  F  O  R  Y  H  R
U  N  W  T  J  Ä  H  R  L  I  C  H  N  G  N  L
G  E  C  Z  E  U  O  G  X  S  V  Y  G  A  T  O
R  L  W  T  D  D  L  R  E  S  M  Q  M  T  T  E
T  A  N  E  N  H  I  G  Y  S  C  A  P  T  Q  M
G  K  R  J  U  D  D  T  Q  E  T  U  N  I  M  J
V  O  R  L  T  W  O  C  H  E  W  E  B  M  W  T
R  B  P  Q  S  T  D  M  M  Y  M  I  R  H  A  J
J  A  H  R  H  U  N  D  E  R  T  S  C  N  D  T
C  U  D  S  X  Q  M  T  P  A  J  Z  S  Z  Z  O
```

JETZT	HEUTE
VOR	MORGEN
JÄHRLICH	MITTAG
JAHR	MONAT
GESTERN	MINUTE
KALENDER	MOMENT
JAHRZEHNT	NACHT
TAG	UHR
ZUKUNFT	WOCHE
STUNDE	JAHRHUNDERT

62 - Paisajes

```
U D P O M E A D W Ü S T E V A W
C U P E Ü R I C N P K G L U I A
Z A S O N L E S N I A L E L B S
G L E A D L A F B D R H N K M S
E E E S U M C G G E I W U A D E
F S Y E N Y P F U Z R Q I N T R
K N Y S G M P C U N C G U V J F
W I R F I H Ö H L E E P W Y Q A
T B C A Q R E H C S T E L G I L
A L Y Y A S Q Z O S K D H A B L
L A B E R G Z B H U F O Z A A J
A H U V D P Q I F L P U C N X C
Q V Q D N A R T S F M E E R I A
S N B T U I F R B Q U T K S C O
Y V V Y T O W S S J S L Y J Z B
J J C J O R B D M W X D D R A A
```

WASSERFALL   MEER
HÖHLE   BERG
WÜSTE   OASE
MÜNDUNG   SUMPF
GEYSIR   HALBINSEL
GLETSCHER   STRAND
EISBERG   FLUSS
INSEL   TUNDRA
SEE   TAL
LAGUNE   VULKAN

63 - Días y Meses

```
G Z T O G O Y O L D R M O N A T
J A G H C O W T T I M J G U K S
T A G C Y F W I E E R H A J A U
J U N I O G W X O N E P G P L G
S O N N T A G M J S B Y A A E U
O D K Z Q T I B A T M L T D N A
Z K T M X S U S N A E T I U D X
J X T H J M I V U G V W E U E P
U W S O Q A S S A Z O M R M R X
L O Q H B S B Q R U N Q F C J R
I C O B R E D O N N E R S T A G
C H F F S P R A U R B E F U Z L
I E X O P M O N T A G B H O B X
T Q S E P T E M B E R J A A U Q
N S N Y E Q S H Q I T W I Q N J
F H W T I R V X E E X Z O Y R C
```

APRIL   MONTAG
AUGUST   DIENSTAG
JAHR   MONAT
KALENDER   MITTWOCH
SONNTAG   NOVEMBER
JANUAR   OKTOBER
FEBRUAR   SAMSTAG
DONNERSTAG   WOCHE
JULI   SEPTEMBER
JUNI   FREITAG

64 - Biología

```
E Z W K I A H P H C R C Z I V I
I E C Q U J L B R O Y R B M E Q
P L W S G H R X J O R G A U L V
A H W S V F N E R V T M K N L N
N X O B E Z C M A Z Y E O K E A
A A J T S Y M B I O S E I N Z T
T W U Q O H E C N R S L N N Q Ü
O D L Z M S M U T A T I O N A R
M T U Y S Z Y J K T O T I E R L
I S A L O N Z N O U Q P T G W I
E E X Q U E N U T O N E U A N C
E F Z E G C E C Q H V R L L E H
B A K T E R I E N I E E O L U E
C H R O M O S O M O M S V O R Q
S Ä U G E T I E R D M T E K O N
H F F B F S Y N A P S E S C N P
```

ANATOMIE
BAKTERIEN
ZELLE
KOLLAGEN
CHROMOSOM
EMBRYO
ENZYM
EVOLUTION
PHOTOSYNTHESE
HORMON

SÄUGETIER
MUTATION
NATÜRLICH
NERV
NEURON
OSMOSE
PROTEIN
REPTIL
SYMBIOSE
SYNAPSE

65 - Jardinería

```
G  W  V  S  S  U  A  R  T  S  H  P  Q  T  M  B
K  O  U  P  C  G  D  I  R  O  E  P  S  D  I  O
A  A  M  E  J  H  R  R  A  R  F  O  N  R  D  T
N  U  V  M  V  G  M  X  N  E  D  O  B  O  T  A
P  T  Z  S  F  T  L  U  E  T  Ü  L  B  D  J  N
R  S  T  I  E  K  G  I  T  H  C  U  E  F  C  I
C  O  N  T  A  I  N  E  R  Z  H  L  O  G  D  S
Y  P  M  T  S  C  H  L  A  U  C  H  E  E  R  C
U  M  B  A  V  Q  P  B  G  M  S  S  G  S  O  H
N  O  V  L  I  M  J  U  T  X  I  D  F  S  B  Y
T  K  Z  B  U  A  L  X  S  W  T  L  K  B  K  T
W  A  S  S  E  R  X  C  B  Q  O  X  K  A  M  Q
D  X  A  P  W  X  N  I  O  J  X  M  D  R  K  Z
S  A  I  S  O  N  A  L  H  G  E  Y  W  X  E  Q
K  R  O  T  D  A  T  Y  V  F  E  Z  S  T  V  E
G  O  F  A  Z  D  Y  H  H  F  G  G  D  V  V  N
```

WASSER
BOTANISCH
KLIMA
ESSBAR
KOMPOST
CONTAINER
ART
SAISONAL
EXOTISCH
BLÜTE

LAUB
BLATT
OBSTGARTEN
FEUCHTIGKEIT
SCHLAUCH
STRAUSS
SAAT
SCHMUTZ
BODEN

66 - Chocolate

```
Q F B T M T P E Z E R S Z A F H
U W K I M Z S S U N S O K O K A
A O A F T B N S A Y S T Y V V N
L G K A A T R E W M Ü X W Q U D
I J A V T D E N Z V S W O R Q W
T N O O U T B R E S S Ü N D R E
Ä T V R Z L E E E Y V I E K G R
T K O I A T K K L V F T H Ö E K
O I A T F G F C Z E L A K S S L
J M B R M J K U S Q V U T T C I
Q J A J A T W Z N E U W P L H C
H F P S F M A R O M A Q F I M H
R W X H W L E Z T Y G V D C A Y
R K G W T F R L P W S L Q H C J
K A L O R I E N L M G Y Y I K Z
A N T I O X I D A N S J C I M P
```

BITTER	KOKOSNUSS
ANTIOXIDANS	ESSEN
AROMA	KÖSTLICH
HANDWERKLICH	SÜSS
ZUCKER	FAVORIT
ERDNÜSSE	GESCHMACK
KAKAO	ZUTAT
QUALITÄT	PULVER
KALORIEN	REZEPT
KARAMELL	

67 - Barbacoas

```
M O A N U M K E Y K H P A D E R
Z I H Z S U S X M I U F C V P V
W A T A Q S A D E N N E S S O S
I Y B T S I L C Z D G F A P X O
E Z P E A K Z M F E E F A X W I
B D A R N G V B T R R E D U F G
E A P S Z D E C N M L R P X A H
L L I R G Z E S M E S S E R M M
N S H E I S S S S O T A Z L I Q
G A P T G A M N S E Z A I R L S
E L Q O L H F Y U E N K M Q I O
M A S P I E L E A M N I V O E M
Ü T K D U I M N H X V A K U T M
S E F R U C H T U B B S M G B E
E Q C P W M K W H C J R S R A R
Z N F T A H E I N K T C P Q E Y
```

MITTAGESSEN	MUSIK
HEISS	KINDER
ZWIEBELN	GRILL
ABENDESSEN	PFEFFER
MESSER	HUHN
SALATE	SALZ
FAMILIE	SOSSE
FRUCHT	TOMATEN
HUNGER	SOMMER
SPIELE	GEMÜSE

68 - Ropa

```
H  U  H  C  S  D  O  R  Z  B  L  K  D  M  G  A
E  O  X  K  L  D  Q  P  G  P  V  E  P  E  Y  M
H  B  S  H  R  R  L  U  W  B  B  M  T  U  H  X
U  X  O  E  K  C  A  J  A  R  M  B  A  N  D  H
H  K  L  J  C  N  H  C  M  Z  Y  G  Z  H  A  E
C  Q  S  P  O  K  C  U  M  H  C  S  M  A  K  M
S  R  P  T  R  U  S  W  W  P  D  D  P  L  L  D
D  C  I  O  L  C  S  V  S  V  X  W  O  S  Y  I
N  Y  H  P  U  L  L  O  V  E  R  K  A  K  Q  E
A  X  G  Ü  S  A  N  D  A  L  E  N  M  E  D  L
H  F  C  N  R  D  N  R  V  E  P  V  O  T  W  K
B  L  U  S  E  Z  B  J  I  T  A  H  D  T  I  X
Z  I  B  J  A  T  E  G  P  R  Y  G  E  E  I  O
D  B  Z  N  A  E  G  B  J  Ü  M  D  E  F  E  Z
I  X  Z  X  P  Y  I  U  W  G  U  F  F  T  Y  Z
G  I  A  B  R  S  C  H  L  A  F  A  N  Z  U  G
```

MANTEL	SCHMUCK
BLUSE	MODE
SCHAL	HOSE
HEMD	SCHLAFANZUG
JACKE	ARMBAND
GÜRTEL	SANDALEN
HALSKETTE	HUT
SCHÜRZE	PULLOVER
ROCK	KLEID
HANDSCHUHE	SCHUH

69 - Meditación

```
V C S P M I K V W R B M P A A H
J J H G I T S I E G K H Q T N A
N E K N A D E G D R C M N M N L
I T C U G M L E T G S X X U A T
V N Ü G Y E L X I I L T H N H U
I O L E G E I G E H E W A G M N
W M G W W V T S K U H H R N E G
X A E E T I S M R R R N R U D J
N S C B X T L I A R E A Z A F K
O X A H H K V T B F P T R N L J
F R I E D E N G K Y I U O O N K
S Q Y R D P H E N E N R E L C I
Y I F T L S L F A Z G Q R J T S
A E G K T R X Ü D N A L U V R U
P B P P U E O H Y I G P Q F J M
K P W K Q P F L R P E O X M X F
```

ANNAHME

LERNEN

RUHIG

KLARHEIT

MITGEFÜHL

WACH

LEHRE

GLÜCK

DANKBARKEIT

GEISTIG

VERSTAND

BEWEGUNG

MUSIK

NATUR

FRIEDEN

GEDANKEN

PERSPEKTIVE

HALTUNG

ATMUNG

STILLE

70 - Café

```
Q F F L C M H T I G Y X M S C R
A L I P Z L O I Q F T O D C X N
F C L H K Z E R E K C U Z H V P
M Z T F F X Y G G I R Y S W E Q
M I E S S A T Q Q E B M L A E X
M N R E U A S F N N N M X R D X
G A F L Ü S S I G K E I T Z O B
E M H K O F F E I N C R E M E U
R O C L A V W S W Z O H V S G R
Ö R L R E T T I B A W S L K E S
S A I R N N U T H K S U C U T P
T J M G K A L L D R I S Z L R R
E G E S C H M A C K E E E J Ä U
T V I E L F A L T Z R J R R N N
Q L R T K Y D M W B P F Q S K G
J K J X U Z N Z T Z Q T R V N K
```

WASSER	MILCH
BITTER	FLÜSSIGKEIT
AROMA	MORGEN
GERÖSTET	MAHLEN
ZUCKER	SCHWARZ
SAUER	URSPRUNG
GETRÄNK	PREIS
KOFFEIN	GESCHMACK
CREME	TASSE
FILTER	VIELFALT

71 - Libros

```
L K D T W X U A A U T O R P Z E
I O Z J G Z U S B U U L D O G R
T L T X E T N O K E D O A E U Z
E L H F S O O Y O B N L N S K Ä
R E C E C H C S I R O T S I H H
A K I U H A R O D E W V E E W L
R T D L I A E E T I E S K U S E
I I E E C U S C L L P D V T E R
S O G S H U S D S E M W V U B R
C N G E T B F K B E V Q Q S K F
H I Q R E V N A M O R A Y O U O
G E S C H R I E B E N I N C Y F
E R F I N D E R I S C H E T W Q
T R A G I S C H D U A L I T Ä T
O J V Q F Y P H U M O R V O L L
P Q M I Z Z C U Q F U S L R Z U
```

AUTOR	LESER
ABENTEUER	LITERARISCH
KOLLEKTION	ERZÄHLER
KONTEXT	ROMAN
DUALITÄT	SEITE
GESCHRIEBEN	RELEVANT
GESCHICHTE	GEDICHT
HISTORISCH	POESIE
HUMORVOLL	SERIE
ERFINDERISCH	TRAGISCH

72 - Nutrición

```
N M A K G G E T R E I D E N M K
U N J N E I R O L A K V P K H O
W Z B K S V I T A M I N U T X H
O A L D C C O M D Y Z V R R T L
P T I E H D N U S E G B Z E O E
K C P K M G N U U A D R E V X N
G S Y Q A C Ä T P E I X I V I H
E W O G C A H D R A B S S E N Y
W K X S K N R I O D P Q F B A D
I X G Z S Q S Ä T D N U S E G R
C J L G Y E T T E Q N A Q Z B A
H J U K G S O B I G G L L W H T
T B R E Z R F D N V C I Z P V E
B I T T E R F L E L C T P X B Y
A P P E T I T I F B Q Ä C C N M
A U S G E W O G E N G T S T E S
```

BITTER	NÄHRSTOFF
APPETIT	GEWICHT
QUALITÄT	PROTEINE
KALORIEN	GESCHMACK
KOHLENHYDRATE	SOSSE
GETREIDE	GESUNDHEIT
ESSBAR	GESUND
DIÄT	TOXIN
VERDAUUNG	VITAMIN
AUSGEWOGEN	

73 - Edificios

```
S O B S E R V A T O R I U M B Y
Q C K E G R E B R E H H Q K T P
W H H E B N O S O N I K Q D R T
B S P L N T U R M T J V S Q E R
H V J U O R B P O H S L D R C L
T R I H I S Q C Z O Z C B O Z Y
S O F C D C S C O T B S H B R T
A C O S A B Z M U E S U M A D O
P L H E T T Y C A L K A T L F M
A O N E S F A B R I K X A P R T
R N R U U B C T H E A T E R V K
T L E V Y N U Q Q S K R X B F L
M S U A H N E K N A R K X D F P
E V A Z W Z G A R A G E J M D N
N O B U N I V E R S I T Ä T R V
T K R A M R E P U S V R A C O R
```

HERBERGE	BAUERNHOF
APARTMENT	KRANKENHAUS
SCHLOSS	HOTEL
KINO	LABOR
BOTSCHAFT	MUSEUM
SCHULE	OBSERVATORIUM
STADION	SUPERMARKT
FABRIK	THEATER
GARAGE	TURM
SCHEUNE	UNIVERSITÄT

74 - Océano

```
E T F D N J P A N L Q J H A S H
Z H C S I F Y I A Z C I H C C E
L U N Q S P H Q D P P U I Z H G
Z N Y A L G E N F J Z D E I I S
I F F I R J Q W U R I E A F L C
B I A H H M B U R P Z L A S D G
K S F Q T G W K A M L F B S K U
R C N N R M W N X L V I I T R X
H H V F E B B A R K L N D U Ö E
K T J R T B O O T I L E Y R T H
R O W O S E K M Z B R K D M E L
L O R W U X L X Y S C H W A M M
F P I A A A A L R G H I G Y S M
B E C H L L B F L D N P S B G E
S R N I E L E N R A G K R A K E
X C M U V N E T I E Z E G D S O
```

ALGEN	SCHWAMM
AAL	GEZEITEN
RIFF	QUALLE
THUNFISCH	AUSTER
WAL	FISCH
BOOT	KRAKE
GARNELE	SALZ
KRABBE	HAI
KORALLE	STURM
DELFIN	SCHILDKRÖTE

75 - Ciudad

```
L I U C K Y Q I S F G K M F U B
A P O T H E K E Y V V I Z V D C
A L R E M D B R B F X N X V T Z
O B I B L I O T H E K O O Z H G
S M L K Y W Z K Y E G X A J E A
G U B U C H H A N D L U N G A L
R E P H O T E L O A F K E W T E
R S S E I A H N I T B L F K E R
D U S C R D M N D I T I A O R I
N M Y Z H M Z E A U I N H R Z E
P P U V U Ä A Z T Z C I G Y D L
P D X C F P F R S E F K U E C U
R K B G F L K T K R A M L Z T H
B Ä C K E R E I E T V G F S U C
U N I V E R S I T Ä T G K O F S
B L U M E N H Ä N D L E R I C P
```

FLUGHAFEN	HOTEL
BANK	BUCHHANDLUNG
BIBLIOTHEK	MARKT
KINO	MUSEUM
KLINIK	BÄCKEREI
SCHULE	SUPERMARKT
STADION	THEATER
APOTHEKE	GESCHÄFT
BLUMENHÄNDLER	UNIVERSITÄT
GALERIE	ZOO

76 - Agronomía

```
V E D R P C M Q R E S S A W N U
F E K Ü E R O X H J T I X Z S H
E G R L N O O G C D U Z E E W K
N E S S E G F D K B D L E A Z O
E O N Q C X E T U V I T V Y A U
R R A C W H B R U K E S Ü M E G
G G C S A C M M P N T L E W M U
I A H Y C I B U X N A I Y T E Ö
E N H S H L Q L T E A U O X R K
V I A T S D T Q U Z S R T N O O
I S L E T N Z T R N U F H B S L
M C T M U Ä Z E C A M N H J I O
C H I E M L H V J L U D G A O G
H R G Y Z Y Z A X F K T U R N I
K R A N K H E I T P X E J H T E
G S W I S S E N S C H A F T L O
```

WASSER
WISSENSCHAFT
ESSEN
VERSCHMUTZUNG
WACHSTUM
ÖKOLOGIE
ENERGIE
KRANKHEIT
EROSION
STUDIE

DÜNGER
UMWELT
ORGANISCH
PFLANZEN
PRODUKTION
LÄNDLICH
SAAT
SYSTEME
NACHHALTIG
GEMÜSE

77 - Deporte

```
G E S U N D H E I T T G T L K S
X X E U H Y S Q R Q R G A Ä V R
S J J N E R H A F D A R N A I Q
T I E K G I H Ä F Q I J Z T X D
Ä V I G G N U R H Ä N R E M A T
R E U A D S U A C D E M N E M L
K K N O C H E N S R R T E N L U
E H Y O F D S Z I E L E R I R Z
X C K C H G C B L P W L E O L Z
J B B O S F H O O R L H I X P N
M X E H T Z W F B Ö N T M E S S
U U T D O U I X A K H A I T Y H
S N S Q H J M W T B B I X P H N
V M I K O R M L E Q B J A K N I
Y N T P E C E U M Q B U M F M A
X W J N S L N P R O G R A M M K
```

ATHLET   MAXIMIEREN
TANZEN   ZIEL
FÄHIGKEIT   METABOLISCH
RADFAHREN   MUSKEL
KÖRPER   SCHWIMMEN
SPORT   ERNÄHRUNG
DIÄT   PROGRAMM
TRAINER   AUSDAUER
STÄRKE   ATMEN
KNOCHEN   GESUNDHEIT

78 - Actividades y Ocio

```
P O E C K U N S T R F W B N V V
J B R A C M L E B E U T K E O O
L O H M E Q E W A I S J C M L L
K X R P Z K G E T S S O G M L M
F E H I W Z N X F E B T A I E D
E N U N W M A D U H A A R W Y C
V H R G D K W N C W L U T H B B
N R E N N E N E O A L C E C A E
E D L Ä M E G N N N X H N S L H
F N W B K T T N D D V E A U L Y
U L L A B E S A B E Z N R R P I
A S O J W N L P V R M U B F U F
K F P G W N L S D N K W E E A K
N V N K A I V T G H J D I N V X
I O M W G S G N T M A H T S M F
E W L L A B T E K S A B A J A A
```

KUNST
BASKETBALL
BASEBALL
BOXEN
TAUCHEN
CAMPING
RENNEN
EINKAUFEN
FUSSBALL
GOLF

GARTENARBEIT
SCHWIMMEN
ANGELN
GEMÄLDE
ENTSPANNEND
WANDERN
SURFEN
TENNIS
REISE
VOLLEYBALL

79 - Ingeniería

```
V S S D F L Ü S S I G K E I T L
G B T M I G F Z G R L R T H O Q
N J A K P A N Q L E K N I W M W
A N B L Q Q G L N S J F V A R Z
C N I H T V Q R F S I P J Q C X
F G L H L V F Y A E K R Ä T S V
V R I E E G J G E M D G X F A B
E E T N S B D S X H M S K L T E
R I Ä E E O E S H C A Z C I S R
T B T R I N Q L G R U W O L T E
E U T G D W I T H U Y H Q M R C
I N I I J T U H F D F Y D M U H
L G E E I J E H C Y N V N B K N
U F F W S B V M E S S U N G T U
N Q E M O T O R C S A Y I S U N
G A N T R I E B J V K M A S R G
```

WINKEL	REIBUNG
BERECHNUNG	STÄRKE
DIAGRAMM	FLÜSSIGKEIT
DURCHMESSER	MASCHINE
DIESEL	MESSUNG
VERTEILUNG	MOTOR
ACHSE	HEBEL
ENERGIE	TIEFE
STABILITÄT	ANTRIEB
STRUKTUR	

80 - Comida #1

```
S I U B Z L A S R F S Q Y W C H
P F M U K I L I S A B K V F K K
I Q U V O H T T H U N F I S C H
N N T E T T O R A K S A L A T C
A Y A L G X U E O W Q S P L N U
T W P K N S F K E N J J Z K A A
I T D M T A W C R G E P P U S L
L C E P D F O U D J B N T S A B
M I N Z E T I Z B F Ü E R D C O
Z W S O P W Y M E L R N D I J N
X W M I L C H K E E Y X E H B K
S O I A U T T T R I K K B M M C
B H Y E G B Z R E S V Q N J I M
Z I M T B R S G S C L Y S Q G S
E T I H L E R C Q H H A T Y I Q
D I R Q O H L G E R S T E V V R
```

KNOBLAUCH	ERDBEERE
BASILIKUM	SAFT
THUNFISCH	MILCH
ZUCKER	ZITRONE
ZIMT	MINZE
FLEISCH	RÜBE
GERSTE	BIRNE
ZWIEBEL	SALZ
SALAT	SUPPE
SPINAT	KAROTTE

81 - Antigüedades

```
V  I  T  A  R  O  K  E  D  V  A  K  G  M  D  C
R  V  L  N  J  L  Y  L  M  E  U  U  S  Q  C  O
O  Z  A  N  S  B  K  E  E  R  T  N  Q  O  F  N
S  H  U  Y  X  V  D  G  I  S  H  S  U  N  Z  W
J  C  P  R  E  I  S  A  R  T  E  T  A  O  C  Y
A  I  H  J  O  Z  H  N  E  E  N  G  L  I  S  H
H  L  O  M  B  U  M  T  L  I  T  S  I  T  R  R
R  N  C  J  U  G  A  P  A  G  I  L  T  I  W  Z
H  H  D  M  U  C  F  G  G  E  S  G  Ä  T  E  U
U  Ö  S  O  P  I  K  T  V  R  C  V  T  S  R  S
N  W  K  M  T  S  A  I  S  U  H  T  N  E  T  T
D  E  D  Ü  I  H  I  F  A  N  H  Y  P  V  P  A
E  G  Y  N  S  J  T  D  K  G  B  D  T  N  V  N
R  N  R  Z  S  K  U  L  P  T  U  R  H  I  C  D
T  U  L  E  B  Ö  M  H  K  P  W  T  Z  G  H  Z
K  E  B  N  K  V  M  I  P  X  B  Q  N  X  D  O
```

KUNST
AUTHENTISCH
QUALITÄT
ZUSTAND
DEKORATIV
ELEGANT
ENTHUSIAST
SKULPTUR
STIL
GALERIE

UNGEWÖHNLICH
INVESTITION
SCHMUCK
MÜNZEN
MÖBEL
PREIS
JAHRHUNDERT
VERSTEIGERUNG
WERT
ALT

82 - Literatura

```
H G O L A I D F F L I D A D M S
G N E I H P A R G O I B H A A Q
N U H D G A M E H T A U T O R K
U N D A I H N T R A G Ö D I E E
B I O B L C T A S N A Y L A S N
I E R L V I H E L F Q W Q U Q A
E M J W Q E C T K Y I Z A B Y B
R O M A N L S O Z Q S K I B Q F
H P W X J G I D H T U E T I M A
C G O E J R T K D S M I T I I A
S E H K U E E E K M H G P M O Q
E W U H V V O N D U T O R P H N
B Q K B N Y P A D R Y L E Y H X
L Y M E T A P H E R H A I M V N
F I N P J S T I L D R N M H H O
E R Z Ä H L E R E T G A H G V B
```

ANALOGIE
ANALYSE
ANEKDOTE
AUTOR
BIOGRAPHIE
VERGLEICH
BESCHREIBUNG
DIALOG
STIL
FIKTION

METAPHER
ERZÄHLER
ROMAN
MEINUNG
GEDICHT
POETISCH
REIM
RHYTHMUS
THEMA
TRAGÖDIE

83 - Química

```
F U B B A U S L Q P S L U I O B
F F P D L N V G Ü C A Z A P G T
C H T X H R A E L K U N E C N M
H I P D N X M Y Z N E R U Ä S M
L G E W I C H T L O R L Y J K E
O Z C G L Z G G A R S E O N A T
R W Y O R Z G B S T T W C M T A
A L K A L I S C H K O L P C A L
H I T Z E S Y D P E F R G U L L
T I E K G I S S Ü L F W A A Y E
A C E C O B C S D E Y D S N S H
U X R H J I F B R Y T N S S A B
P H P F F O T S N E L H O K T Y
W S Z P L N O I T K A E R O O P
Q U W A S S E R S T O F F V R V
A P J Q L T E M P E R A T U R A
```

ALKALISCH
SÄURE
HITZE
KOHLENSTOFF
KATALYSATOR
CHLOR
ELEKTRON
ENZYM
GAS
WASSERSTOFF

ION
FLÜSSIGKEIT
METALLE
MOLEKÜL
NUKLEAR
SAUERSTOFF
GEWICHT
REAKTION
SALZ
TEMPERATUR

84 - Gobierno

```
E K E D Z Q I T S N B R V C O L
S R N T E L U L T A U E E J T I
Z I V I L M O M A T S R Z D J A
H R J E K K O V A I T H Z I E I
L N F K L K T K T O C Ü O X R U
Z G H G N U H D R N N F W S Q K
Y N R I O Y C B L A M K N E D R
J U S T I Z I E L L T J U Q N E
P S E H S U L N I R I I G O A C
O S T C S C D Q Z T E S E G T H
L A M E U H E K B Q H X A G I T
I F K R K Z I N K B I O N E O E
T R C E S V R X V W E O P U N U
I E O G I X F Z E C R X U Z A D
K V K K D L V Y L Y F Z B V L S
G L E I C H H E I T S Y M B O L
```

ZIVIL

VERFASSUNG

DEMOKRATIE

RECHTE

REDE

DISKUSSION

BEZIRK

STAAT

GLEICHHEIT

JUSTIZIELL

GERECHTIGKEIT

GESETZ

FREIHEIT

FÜHRER

DENKMAL

NATIONAL

NATION

FRIEDLICH

POLITIK

SYMBOL

85 - Creatividad

```
A N O I T A S N E S I X X I F P
J G K N C U O U X I O U S N L H
W H C S I T A M A R D U T T Ü A
W Q U P Y H K X T X A P R U S N
A R R I J E R E S B S S P I S T
K Z D R V N E N O I S I V T I A
B Z S A N T I E H R A L K I G S
S S U T I I Y E M M K Y Y O K I
G L A I V Z I D B I L D I N E E
K E Q O F I L I F C K W E H I N
F J F N Q T E I N D R U C K T A
T P A Ü G Ä I N T E N S I T Ä T
B V S U H T I E K G I H Ä F E N
P T Ä T I L A T I V X N M W Z O
X H C S I R E D N I F R E O F P
R K Ü N S T L E R I S C H S O S
```

KÜNSTLERISCH	PHANTASIE
AUTHENTIZITÄT	EINDRUCK
KLARHEIT	INSPIRATION
DRAMATISCH	INTENSITÄT
SPONTAN	INTUITION
AUSDRUCK	ERFINDERISCH
FLÜSSIGKEIT	SENSATION
FÄHIGKEIT	GEFÜHLE
IDEEN	VISIONEN
BILD	VITALITÄT

86 - Clima

```
M F L U T Z T I L B I N H W O D
P O B R I S E E K L O W T J Z X
R O N W I N D H M A A X G A Q H
Q H C S I P O R T P C F M M F E
T P V B U Y D T E L E M M I H M
C K X S U N A N M W F R A L O P
F W J B B E N A C U X U A K Y Z
B E S X R K R K Z F K T S T Q X
N A E J K C O I P R Y S T M U W
E D Y T G O T R T E T H X D P R
B J L N Q R U R E R R Ü D P U O
E B L U W T Y U I N J N Q D R W
L S B D S K R H S L N L Z Q B Z
A T M O S P H Ä R E W O M S C X
R K D V G U R C T C V O D W E G
V V K R I X P O K D V O A I F O
```

ATMOSPHÄRE
BRISE
HIMMEL
KLIMA
EIS
HURRIKAN
FLUT
MONSUN
NEBEL
WOLKE

POLAR
BLITZ
TROCKEN
DÜRRE
TEMPERATUR
STURM
TORNADO
TROPISCH
DONNER
WIND

87 - Comida #2

```
C R S I E R I G T R U H G O J O
K N K C A E K C O H C S I T R A
I S U I H Y T F M L A B T S M D
T N X E W O B V A B R W A G M C
R D G J I I K V T F L G D I C Y
A X G W L I H O E I W G O F T T
U I M Y E E M U L B N E N N O S
B O Z P D R G F E A B I K K R Q
E W Z F N I Q H F H D R H I B E
E Z O K A W Q E P W A E U R A T
G A S J M Z I U A E L L H S N C
A U B E R G I N E I H L N C A E
M Q J G I Q I Y P Z L E V H N K
H K Z H K Ä S E U E C S V E E O
Q M M O W Z I G P N M L W A C C
E U V X B F R W O V Q Y W A E A
```

ARTISCHOCKE	KIWI
MANDEL	APFEL
SELLERIE	BROT
REIS	BANANE
AUBERGINE	HUHN
KIRSCHE	KÄSE
SCHOKOLADE	TOMATE
SONNENBLUME	WEIZEN
EI	TRAUBE
INGWER	JOGHURT

88 - Diplomacia

```
D I P L O M A T I S C H L L H Y
W O C I J G A Q I E M T Ö H U V
P O L I T I K U W H E F S J M J
E J Q Y W Q X A F Q N A U H A C
R E G I E R U N G L W H N C N O
D I S K U S S I O N Ö C G S I Z
H P Y V T R W B U B E S O I T F
U H W A B Ä G O J S R N U D Ä S
G E R E C H T I G K E I T N R P
U U E A Q V K I L N T E T Ä G R
F A G B Z E I X R F A M A L F A
B O R Y T R L K J G R E A S O C
Z X Ü Z M T F M Y L E G J U M H
D B B K D R N X C Y B T Z A D E
W W H T Y A O W S X C P N Z Z N
E T H I K G K W B L K U K I V K
```

BERATER
BÜRGER
GEMEINSCHAFT
KONFLIKT
DIPLOMATISCH
DISKUSSION
AUSLÄNDISCH
ETHIK
REGIERUNG

HUMANITÄR
SPRACHEN
INTEGRITÄT
GERECHTIGKEIT
POLITIK
AUFLÖSUNG
LÖSUNG
VERTRAG

89 - Herboristería

```
I H D Z U D G H L O A L M Q Z A
K C A M H C S E G K C A A U U R
K U L I N A R I S C H V J A T O
J A S P A E X H K A F E O L A M
L L T F R S T W Q Q U N R I T A
K B A E F T T R V A S D A T H T
L O O N A R S S A D I E N Ä V I
C N W C S A Y E Y G C L T T F S
P K P H A G W M T D L F Y A Y C
E F S E I O M U K I L I S A B H
N S L L E N I L R O S M A R I N
N A E A L P N B T G R Ü N H M Q
Y F S B N V Z B D B F D W Q G T
P T B S O Z E H C I K A F L N U
Y B L U C G E R I B L D C I F V
S P E T E R S I L I E L W Z L H
```

KNOBLAUCH   ZUTAT
BASILIKUM   GARTEN
AROMATISCH   LAVENDEL
SAFRAN   MAJORAN
QUALITÄT   MINZE
KULINARISCH   PETERSILIE
DILL   PFLANZE
ESTRAGON   ROSMARIN
BLUME   GESCHMACK
FENCHEL   GRÜN

90 - Energía

```
E O W S U E N I B R U T S B B J
D Y I Z C K N N S U W I O A E R
E W I N D C U T I T Y U N T N B
I Z O G R T H T R D N F N T Z R
R H T D M O T O R O F G E E I E
T L E I R I U G O Q P V C R N N
S P R E H N T H U G N I L I L N
U E R N E U E R B A R V E E T S
D A M P F F O T S R E S S A W T
N P C N U M A H F C S X E W G O
I L H C S I R T K E L E I K W F
E L W O N U K L E A R E D U N F
G N U Z T U M H C S R E V V V U
M W U H M O N Z P V E C I O N N
J T Q L Z W N O R T K E L E K B
K O H L E N S T O F F K Y I B U
```

BATTERIE
HITZE
KOHLENSTOFF
BRENNSTOFF
VERSCHMUTZUNG
DIESEL
ELEKTRON
ELEKTRISCH
ENTROPIE
PHOTON

BENZIN
WASSERSTOFF
INDUSTRIE
MOTOR
NUKLEAR
ERNEUERBAR
SONNE
TURBINE
DAMPF
WIND

91 - Especias

```
P Q E J N Y L K W E V B S V S J
V A C P X I F P Y F K I Y C O N
A N P E C W Y E H S C T Q D W I
N G Y R R U C Z N Q D T Z L C N
I Y Z H I B K S O C D E I Z N G
L E K C C K C W Y X H R M W R W
L S S U N T A K S U M E T I N E
E S J A A U M A N I S F L E E R
M S L L R D H S Ü S S F E B L C
Y O E B F J C O O L W E Z E K N
M P F O A Q S B D H B F T L E D
F P X N S R E F M T C P I I A O
B D T K A O G W R M C D R C B S
X P F O H S A U E R K O K J I X
K R E U Z K Ü M M E L E A X H Z
P E H C D P Z A Q U I M L G C N
```

SAUER
KNOBLAUCH
BITTER
ANIS
SAFRAN
ZIMT
ZWIEBEL
NELKE
KREUZKÜMMEL
CURRY

SÜSS
FENCHEL
INGWER
MUSKATNUSS
PAPRIKA
PFEFFER
LAKRITZE
GESCHMACK
SALZ
VANILLE

92 - Emociones

```
Z G R V V L G C R W Y M M I T A
Z U M M O I T U G U U W Z G D F
Ä Y F W K E H R P G H J Z O P H
R D E R F B Q S E C H I S W S X
T A E M I E G M R L R T G O Y L
L T G E R E G F U A I I R P E A
I M D I R D D M H Q X E N H R N
C Ä A H Q U J E E H W G F Q L G
H H N T W W Y C N E D E I R F E
K C K A Ü B E R R A S C H E N W
E S B P A D W U T L A H N I S E
I E A M E X E N T S P A N N T I
T B R Y A N G S T I N P A N L L
M I E S T R A U R I G K E I T E
O X F R E U D E Y D D E Q Z K F
E D R T I Q C G O K Z W T J T W
```

LANGEWEILE   ANGST
DANKBAR   FRIEDEN
FREUDE   ENTSPANNT
RELIEF   ZUFRIEDEN
LIEBE   SYMPATHIE
BESCHÄMT   ÜBERRASCHEN
RUHIG   ZÄRTLICHKEIT
INHALT   RUHE
AUFGEREGT   TRAURIGKEIT
WUT

93 - Universo

```
K G U Y P A A N J G Q R Y Q O S
O S O L A R S S E Q A Q F U R H
S S X I H R X T T V S L C Z B A
M C Y R J W D A R E G U A A I W
I H I M M E L Q J O R E F X T P
S W E D N E W N E N N O S U I R
C T T N K D B A Z N O O I Y E E
H E I O H O R I Z O N T M D H R
C L E M O N O R T S A X H I L Ä
S E R B S I E R Ä H P S I M E H
I S B Z Q M A O O B D M Q O K P
L K A H X X N T C S S E K W N S
M O G N Z X K A R C W T D J U O
M P G U U J C U J B Y F C K D M
I V W G O E C Q W P K N U Z K T
H H J I E P O Ä R F J C N P N A
```

ASTEROID
ASTRONOMIE
ASTRONOM
ATMOSPHÄRE
HIMMLISCH
HIMMEL
KOSMISCH
ÄQUATOR
GALAXIE

HEMISPHÄRE
HORIZONT
BREITE
MOND
DUNKELHEIT
ORBIT
SOLAR
SONNENWENDE
TELESKOP

94 - Jazz

```
M D N P E T T N E L A T J N J L
M U U G U M X H W Y L I T S E F
U T S I N O P M O K B G L U B U
S K K I K B N W S R U I A U C L
I O Ü B K N Z I S U M H T Y H R
K N N E I E M D G E N R E L P S
T Z S T N T R E T S E H C R O C
C E T O H I G I B G U C V L R H
E R L N C R X L C E Y R Y B U L
G T E U E O X J X A R L B S H A
C G R N T V A Y R A G Ü Z H W G
R Q A G L A X M F P D P H C I Z
P W J W N F W G T S L W X M A E
J I M P R O V I S A T I O N T U
O O Q X F L B V N U N N Y H I G
P T G R T K M I D H U A U I Y M
```

KÜNSTLER   IMPROVISATION
ALBUM   MUSIK
LIED   MUSIKER
KOMPONIST   NEU
KONZERT   ORCHESTER
STIL   RHYTHMUS
BETONUNG   TALENT
BERÜHMT   SCHLAGZEUG
FAVORITEN   TECHNIK
GENRE   ALT

95 - Mediciones

```
H  S  G  D  D  R  L  M  C  H  Q  J  B  F  N  Z
Ö  F  N  E  B  M  I  M  B  D  T  L  N  T  Q  D
H  I  T  T  F  R  D  A  H  R  W  A  E  N  J  X
E  V  U  U  H  R  L  R  E  T  E  M  O  L  I  K
I  F  U  N  Z  E  H  G  S  O  N  I  X  R  U  S
E  C  V  I  Q  T  M  O  S  I  N  Z  T  N  V  L
G  R  A  M  M  E  E  L  A  E  O  E  H  E  N  I
P  W  Q  G  E  M  T  I  M  N  T  D  C  M  C  T
T  I  E  F  E  I  E  K  P  V  A  E  I  U  A  E
L  Q  I  C  L  T  R  B  U  U  M  S  W  L  L  R
K  C  O  R  E  N  L  M  Y  Z  L  D  E  O  S  M
F  O  U  Z  U  E  Ä  P  T  T  O  B  G  V  S  Z
G  X  K  L  K  Z  N  G  E  K  E  L  Q  E  L  U
C  H  D  D  B  J  G  R  Q  X  Y  W  L  R  Z  V
I  K  G  W  U  M  E  A  R  B  U  M  C  I  V  Q
E  Q  V  L  P  T  H  D  H  J  X  D  J  R  I  F
```

HÖHE	LÄNGE
BREITE	MASSE
BYTE	METER
ZENTIMETER	MINUTE
DEZIMAL	UNZE
GRAD	GEWICHT
GRAMM	TIEFE
KILOGRAMM	ZOLL
KILOMETER	TONNE
LITER	VOLUMEN

96 - Barcos

```
T M I L M A E H G Z H R A W P F
H Q K Q O I Y C P S N U N Q T Ä
Q V A C W B V Q A K B O K Y T H
F L J K R E E M N N A M E E S R
N Q A L F E X V O X O B R T E E
Z B K N S J W Y N M Y R O U S R
M R D C A X R M A S T H C A Y A
O E M Z V U Y I E S W D T X E P
T M T I D E T T Z Q T L S M I H
O A J X K L D I O N T Z V Y U F
R Z R N F K C R S F Q K C I A L
A M G S Z Y S A T C Q B B A U U
N N S C N H S M B N H K A N U S
S E G E L B O O T O X Q F F S S
B H C R Z Z L I E S J V S B E D
X A N G H D F E T Y J E U E E D
```

ANKER   SEEMANN
FLOSS   MARITIM
BOJE   MAST
KANU   MOTOR
SEIL   NAUTISCH
FÄHRE   OZEAN
KAJAK   FLUSS
SEE   CREW
MEER   SEGELBOOT
TIDE   YACHT

97 - Antártida

```
G  M  E  H  Y  P  P  H  T  V  I  M  Z  Y  K  B
E  I  R  I  N  O  I  T  A  R  G  I  M  O  A  U
O  N  H  L  O  C  N  U  F  L  Q  Q  H  E  E  Z
G  E  A  F  I  Q  G  O  M  E  B  O  C  O  G  J
R  R  L  O  T  A  U  C  Z  W  L  I  E  E  P  X
A  A  T  R  I  T  I  T  N  L  E  S  N  I  J  N
P  L  U  S  D  O  N  U  S  T  T  L  I  S  I  E
H  I  N  C  E  P  E  U  K  N  B  L  T  G  E  K
I  E  G  H  P  T  E  M  P  E  R  A  T  U  R  L
E  N  K  E  X  H  L  I  D  N  J  W  M  O  P  O
L  S  X  R  E  C  D  A  T  I  V  Ö  G  E  L  W
A  L  D  T  U  U  P  H  T  T  F  I  V  J  J  P
D  Y  E  Z  Y  B  N  P  X  N  O  L  D  C  W  U
G  L  E  T  S  C  H  E  R  O  L  E  X  B  U  O
K  D  F  Q  C  M  Z  E  M  K  U  H  X  E  C  U
S  V  O  B  H  J  W  A  S  S  E  R  I  K  V  Z
```

WASSER	UMWELT
BUCHT	MIGRATION
ERHALTUNG	MINERALIEN
KONTINENT	WOLKEN
EXPEDITION	VÖGEL
GEOGRAPHIE	HALBINSEL
GLETSCHER	PINGUINE
EIS	FELSIG
FORSCHER	TEMPERATUR
INSELN	

98 - Mamíferos

```
X W W I G K S D O V K D P W M I
E A R U I O A R E Z T A K D P K
E L K X R J I E F L O W B G M X
B S E L A O K F F E F B W M C R
A C E A F T R P A M G I M A H O
S R I L F E J B R A T J N U J X
L R W L E Y B G B K S G S V C Q
R K F I M Q L B E E L E F A N T
M Ä Y R Ä B B K Z M U V F I K Q
G N D O F U C H S R Y J D D D S
K G Z G I W X G R P S H Q M U C
J U O A G X T O M I B X A C L H
Z R P R W K H V O M R G T S V A
X U S T I E R H W P O F X R E F
V J H I A D C E L M O X V R T A
H U N D L U N T K L A H M D C J
```

WAL	KATZE
ESEL	GORILLA
PFERD	GIRAFFE
KAMEL	WOLF
KÄNGURU	AFFE
ZEBRA	BÄR
HASE	SCHAF
KOJOTE	HUND
DELFIN	STIER
ELEFANT	FUCHS

99 - Boxeo

```
H E Q K Ö R P E R R J V B X U O
G A C O D Q U K E E W E W X Z I
F U N K G V N C F C Y R W Z H N
X Ä L D E C N O P O Z L I G F U
M K H J S K I L M V D E R X M J
U I C I H C Z G Ä E R T X F D Y
H I M E G I H T K R U Z H Y I C
N J M E T K N U P Y F U V H N P
E H D Z H X E B H L T N C E I W
S C H N E L L I Z E L G E L Z C
E Q S N W L I S T K A E O L G W
K O B I X G E U O R D N I B E U
Z A C K P E S K N Ä H L R O G E
B Z B W Z J H O D T D D L G N F
E R S C H Ö P F T S U A F E E S
C S U Z Q H W D E U J I Z N R V
```

KINN
GLOCKE
FOKUS
ELLBOGEN
SEILE
KÖRPER
ECKE
ERSCHÖPFT
STÄRKE
HANDSCHUHE

FÄHIGKEIT
VERLETZUNGEN
KÄMPFER
GEGNER
KICK
PUNKTE
FAUST
SCHNELL
RECOVERY

100 - Abejas

```
Ö O X E R F V O F B J K R V S V
J K F L Ü G E L F R L X X Z O O
F I O X P O L L E N U H B T N R
A X H S U V U E E O V C D L N T
H L N M Y B Y A Q Z O L H R E E
G Q E M W S O K F N J T G T E I
Y O Z X U C T L A F L E I V S L
A H N S I Q R E B U Ä T S E B H
M G A R T E N G M I T V X H G A
L I L B I E N E N K O R B E Z F
P N F U Y B S C H W A R M F X T
Z O P S F X L E S S E N R N T N
P H A Z B H C U A R B R X F M A
K Ö N I G I N A M G Z Q D E I D
B W A C H S A T K E S N I L C N
H N D S A B C R X P N B L Ü T E
```

FLÜGEL	FRUCHT
VORTEILHAFT	RAUCH
WACHS	INSEKT
BIENENKORB	GARTEN
ESSEN	HONIG
VIELFALT	PFLANZEN
ÖKOSYSTEM	POLLEN
SCHWARM	BESTÄUBER
BLÜTE	KÖNIGIN
BLUMEN	SONNE

1 - Ajedrez

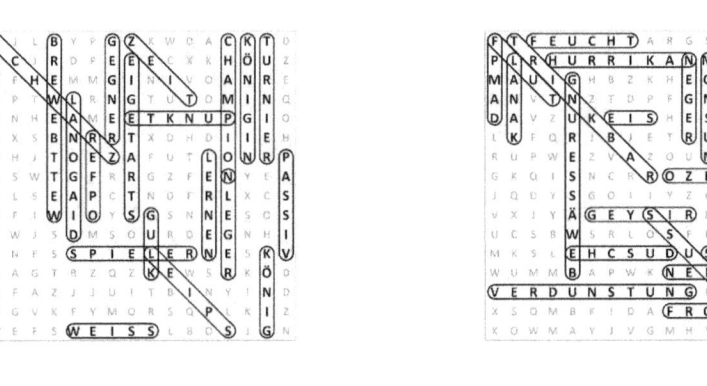

2 - Agua

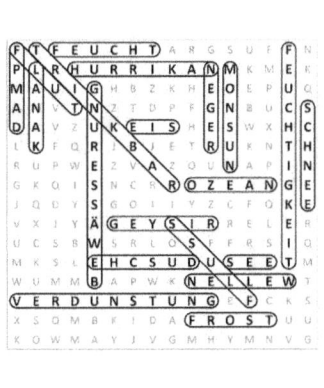

3 - Arqueología

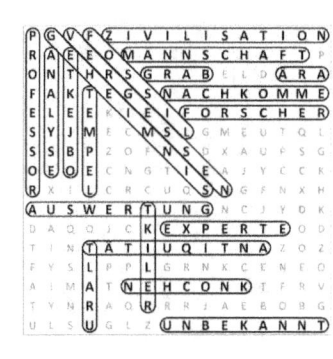

4 - Granja #2

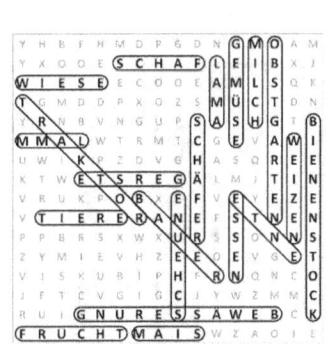

5 - La Empresa

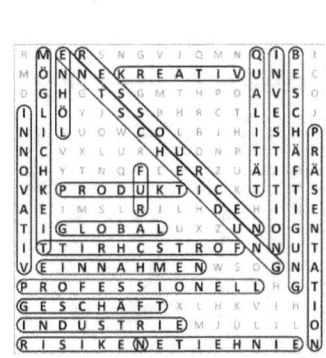

6 - Mueble

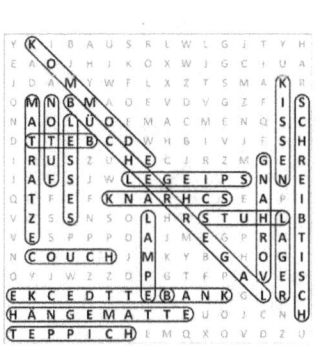

7 - Pesca

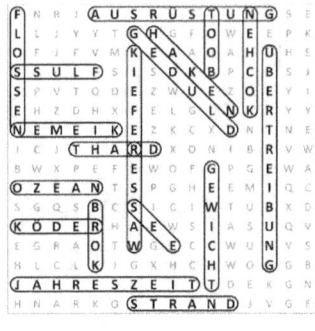

8 - Aviones

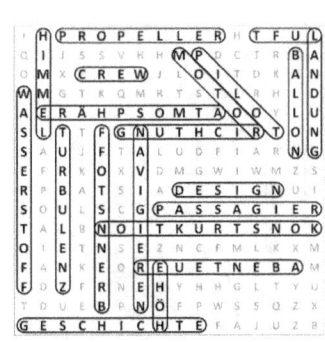

9 - Tipos de Cabello

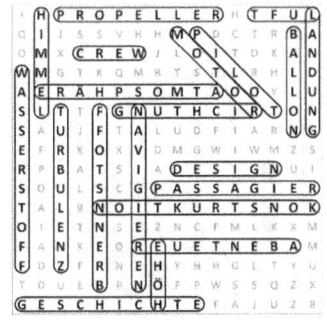

10 - Ciencia Ficción

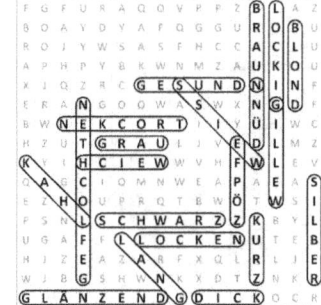

11 - Granja #1

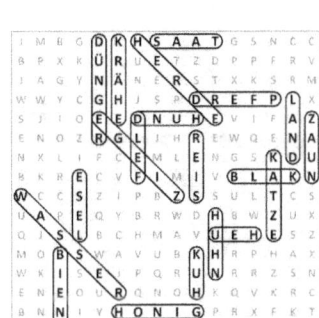

12 - Camping

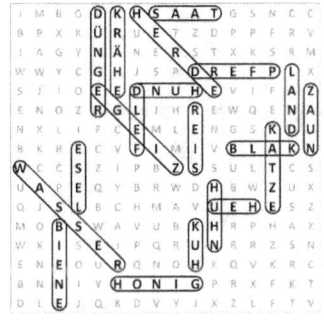

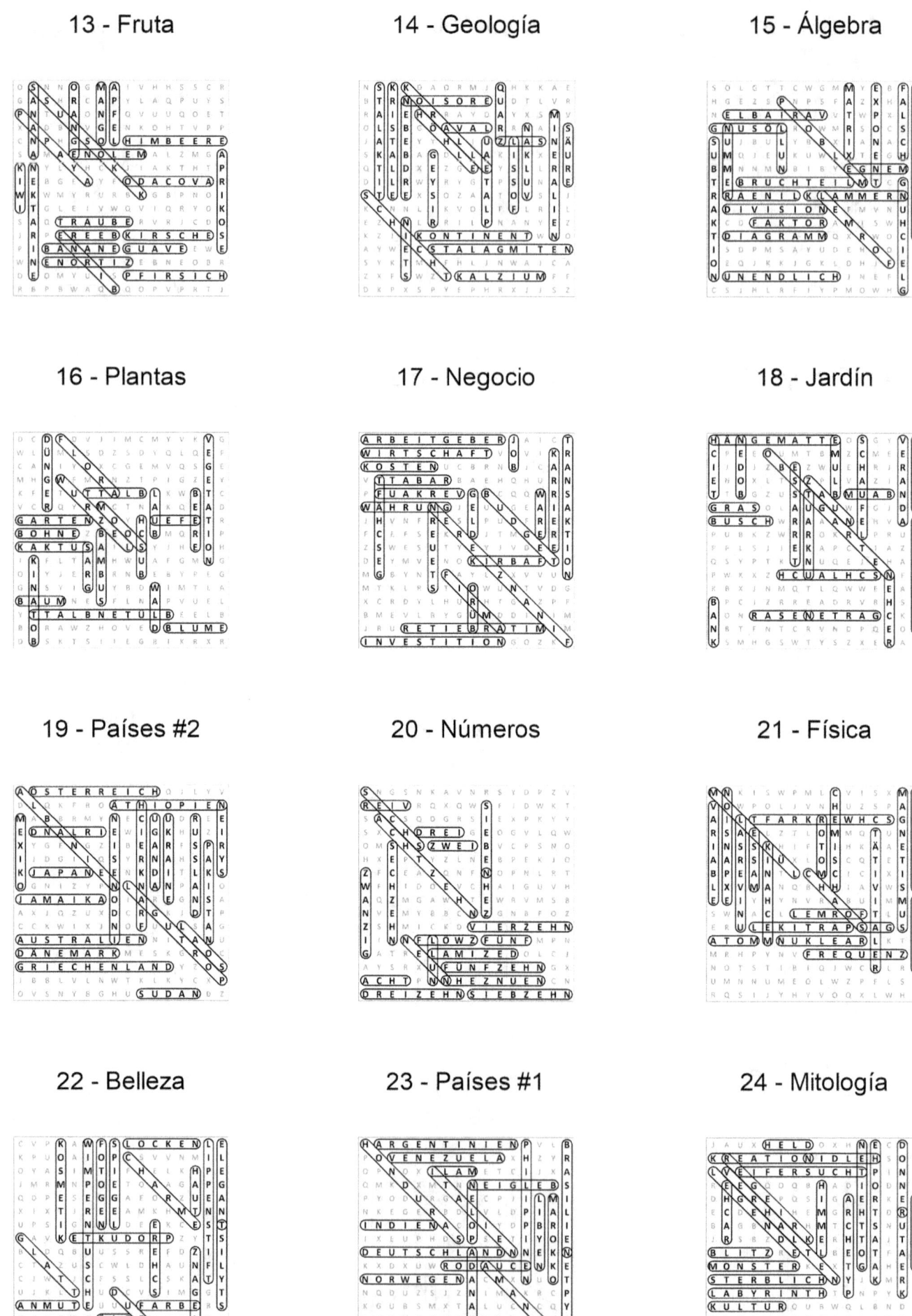

13 - Fruta

14 - Geología

15 - Álgebra

16 - Plantas

17 - Negocio

18 - Jardín

19 - Países #2

20 - Números

21 - Física

22 - Belleza

23 - Países #1

24 - Mitología

25 - Ecología

26 - Casa

27 - Artes Visuales

28 - Salud y Bienestar #2

29 - Colores

30 - Adjetivos #1

31 - Familia

32 - Disciplinas Científicas

33 - Moda

34 - Electricidad

35 - Salud y Bienestar #1

36 - Adjetivos #2

37 - Cuerpo Humano

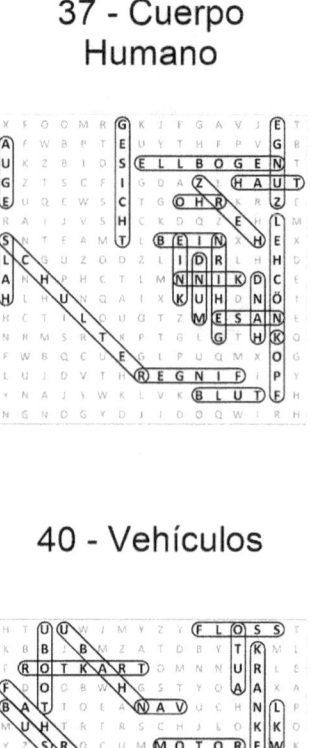

38 - Restaurante #2

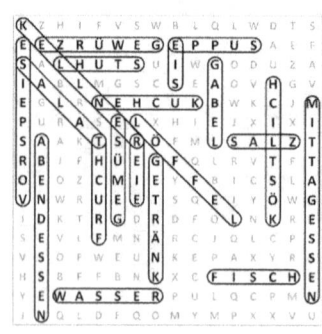

39 - Profesiones #1

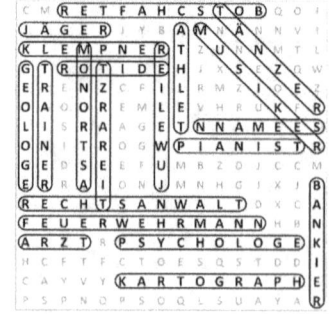

40 - Vehículos

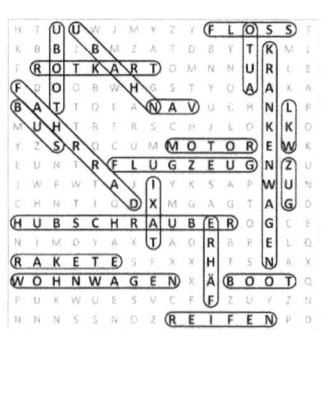

41 - Geometría

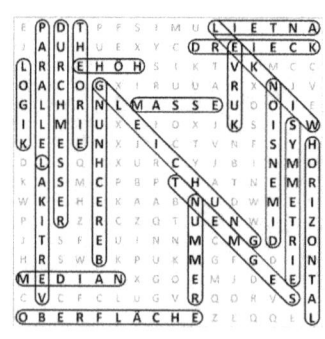

42 - Vacaciones #2

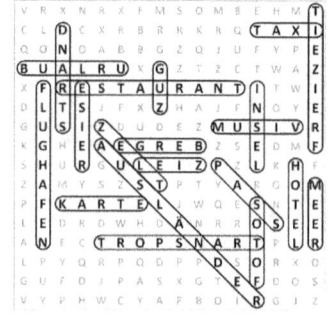

43 - Baile

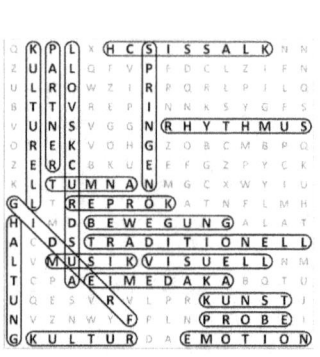

44 - Matemáticas

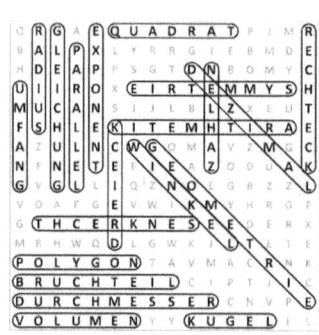

45 - Profesiones #2

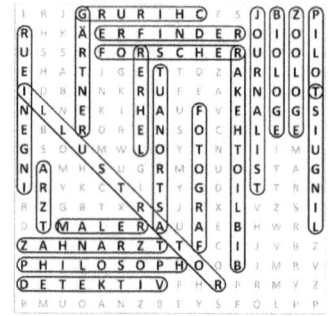

46 - Senderismo

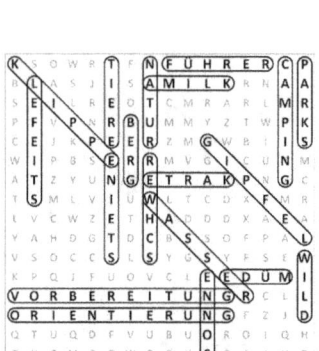

47 - Naturaleza

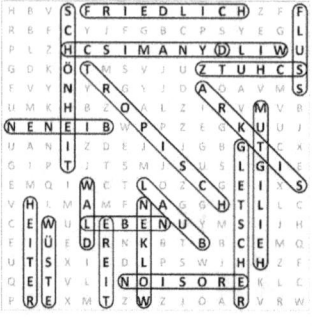

48 - Conduciendo

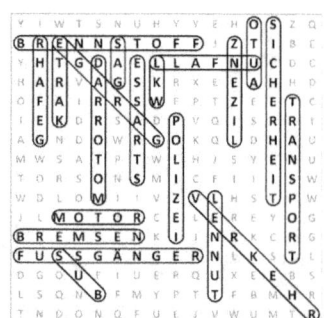

49 - Ballet

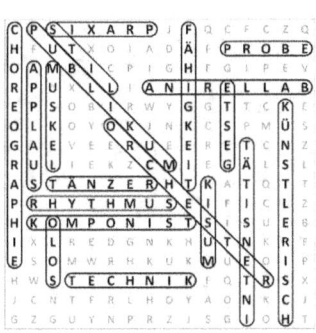

50 - Aventura

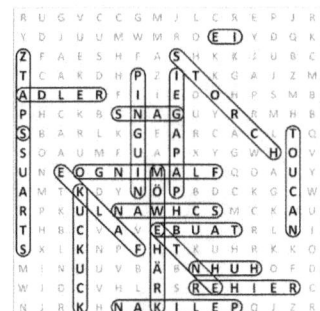

51 - Pájaros

52 - Geografía

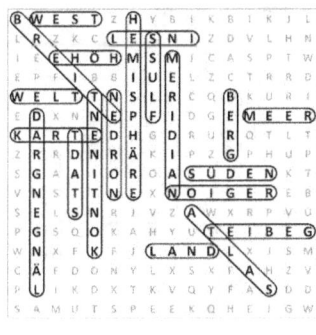

53 - Música

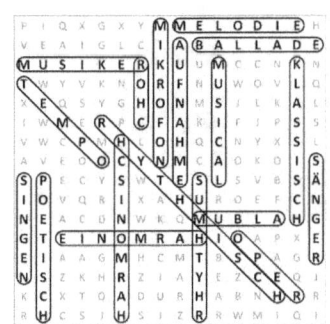

54 - Enfermedad

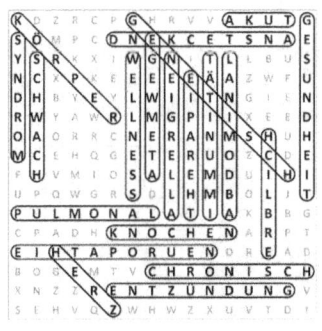

55 - Actividades

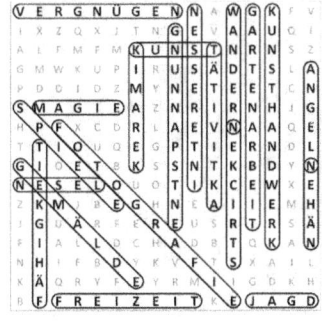

56 - Verduras

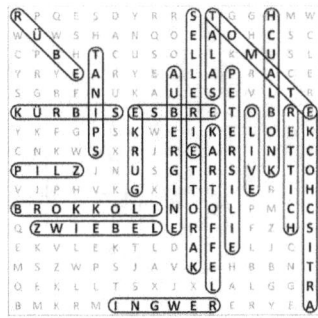

57 - Instrumentos Musicales

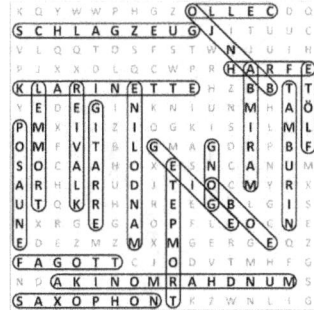

58 - Formas

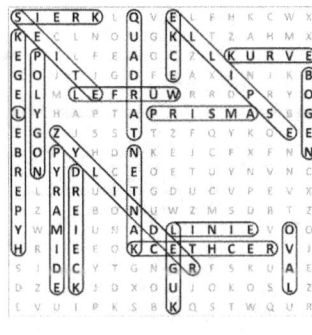

59 - Flores

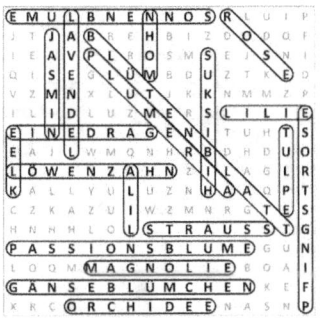

60 - Astronomía

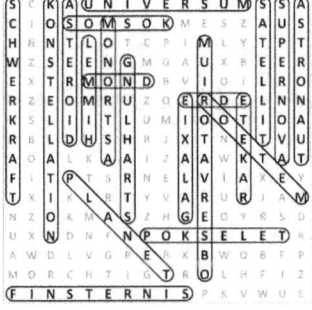

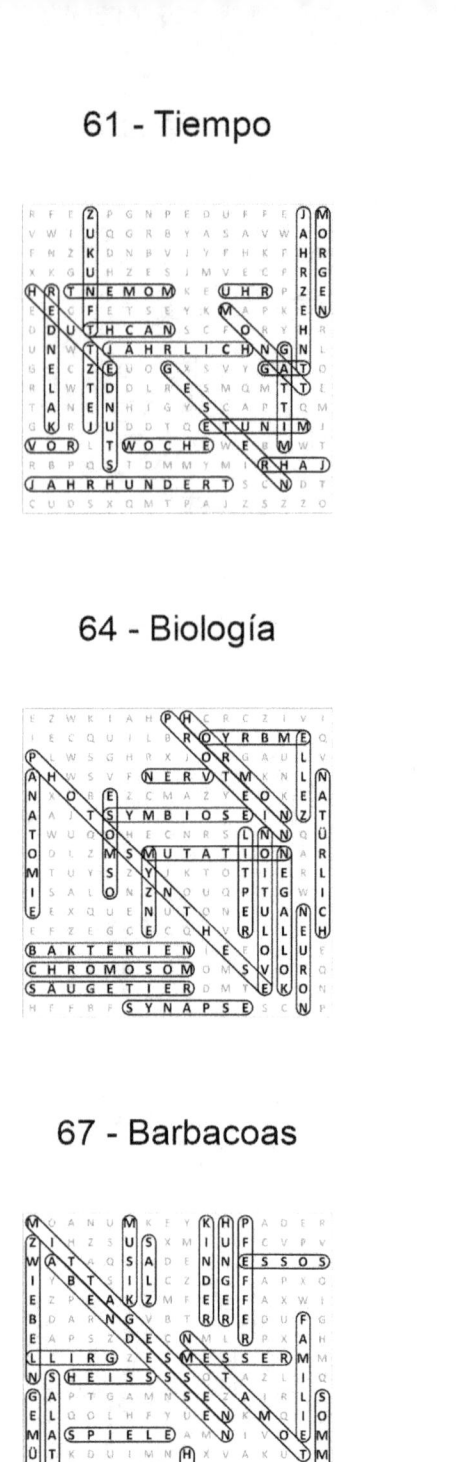

61 - Tiempo

62 - Paisajes

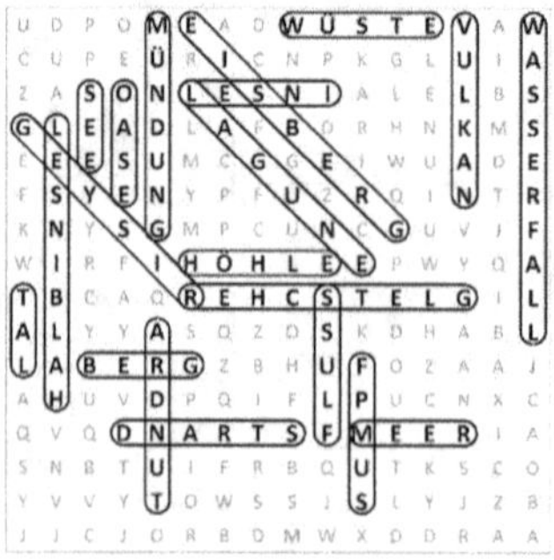

63 - Días y Meses

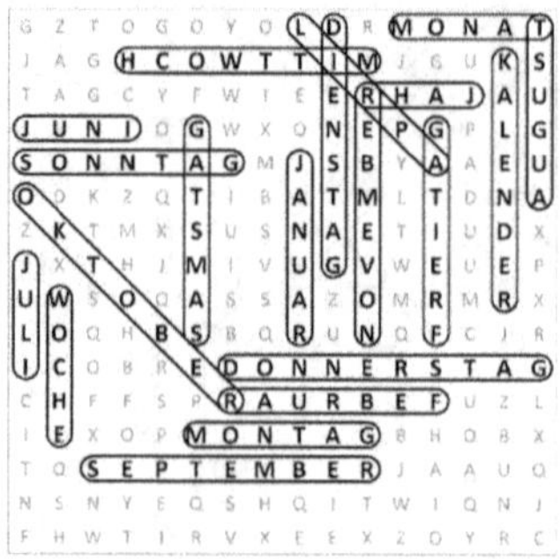

64 - Biología

65 - Jardinería

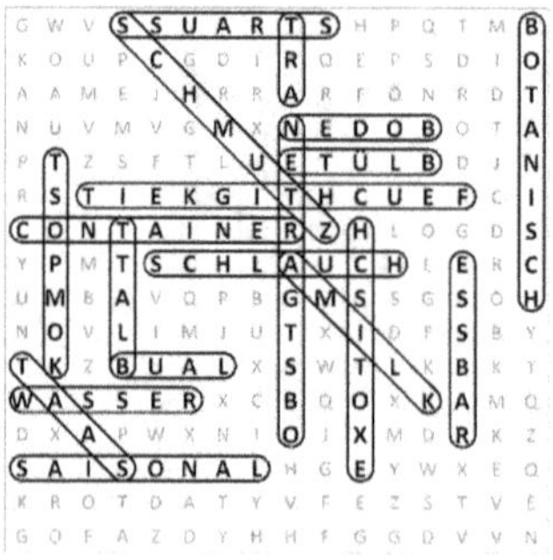

66 - Chocolate

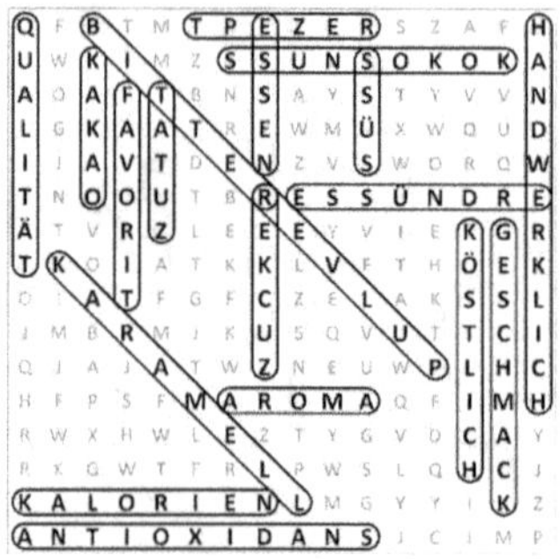

67 - Barbacoas

68 - Ropa

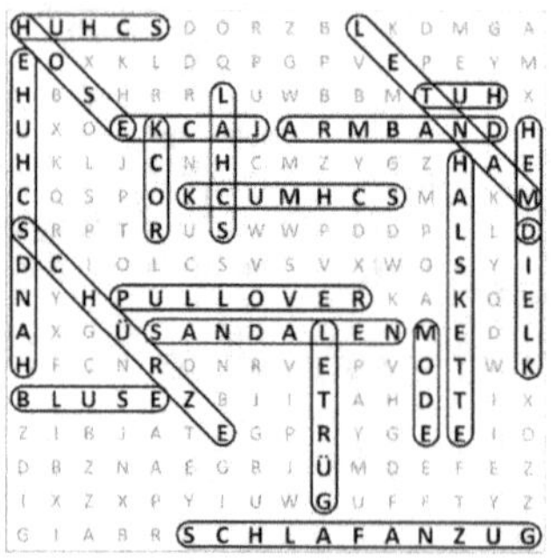

69 - Meditación

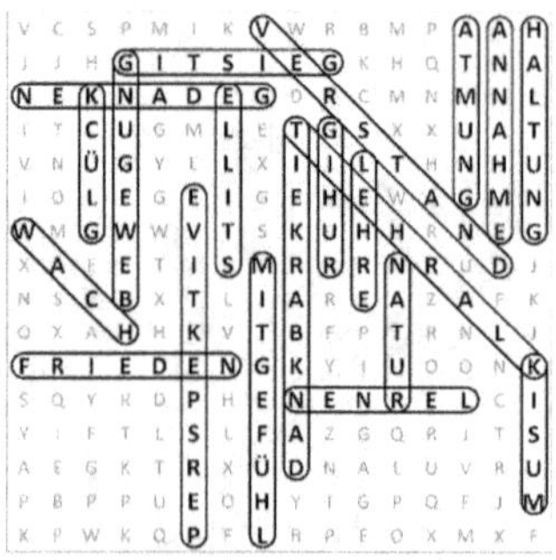

70 - Café

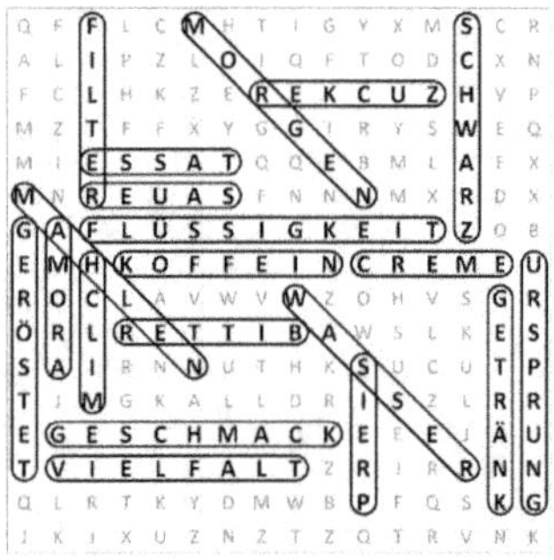

71 - Libros

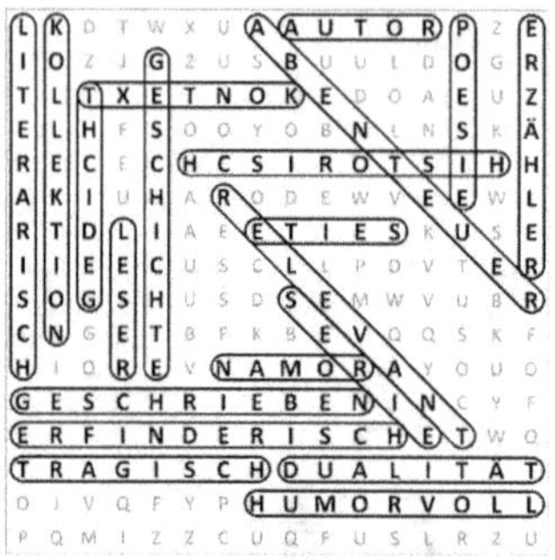

72 - Nutrición

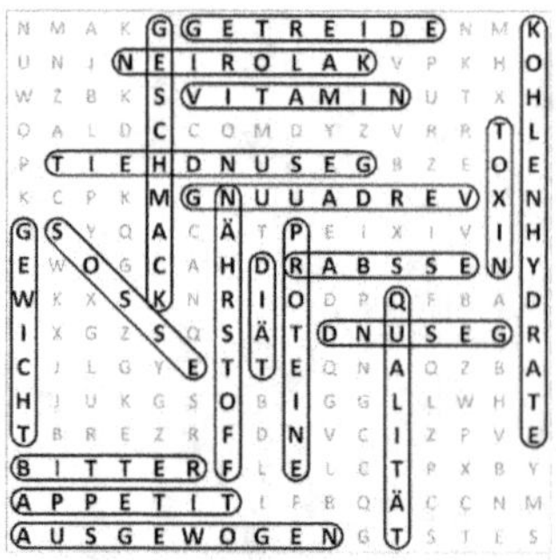

73 - Edificios

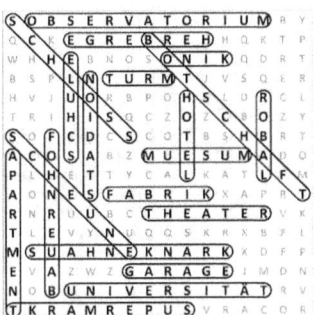

74 - Océano

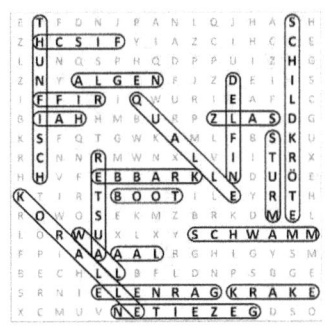

75 - Ciudad

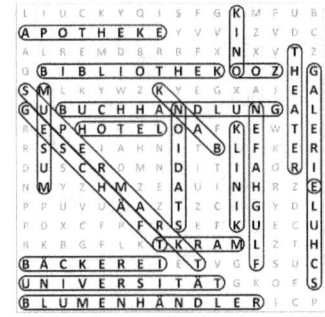

76 - Agronomía

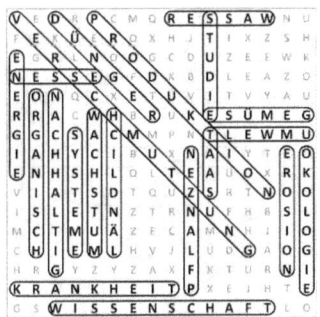

77 - Deporte

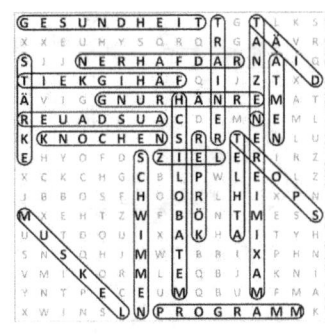

78 - Actividades y Ocio

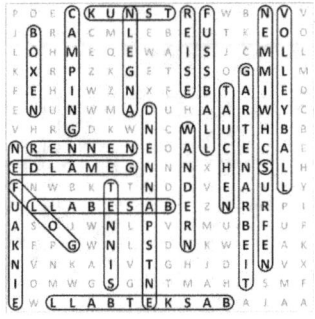

79 - Ingeniería

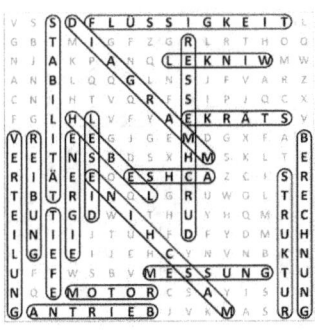

80 - Comida #1

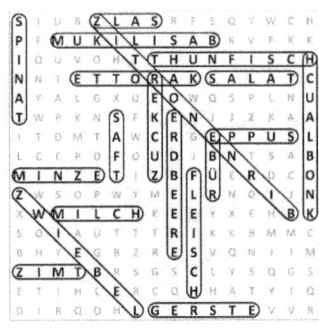

81 - Antigüedades

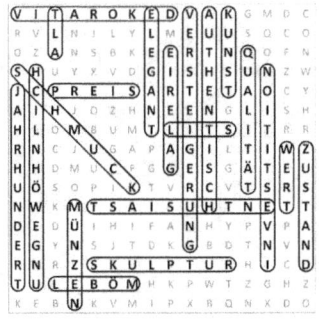

82 - Literatura

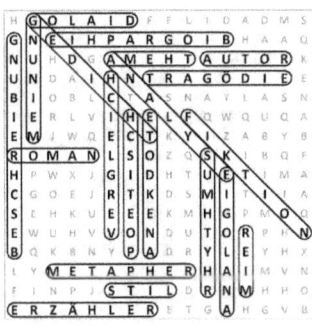

83 - Química

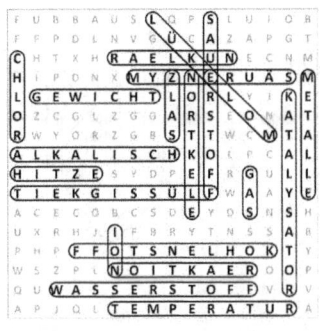

84 - Gobierno

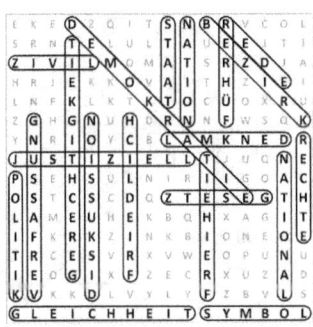

85 - Creatividad

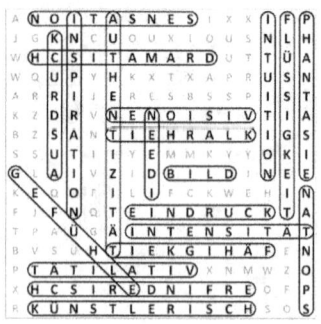

86 - Clima

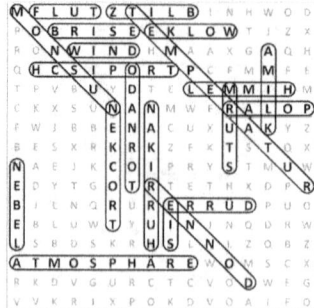

87 - Comida #2

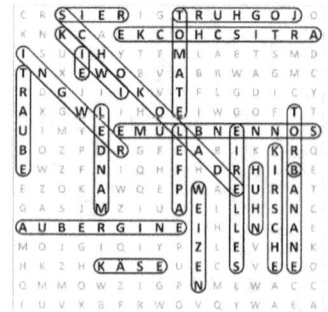

88 - Diplomacia

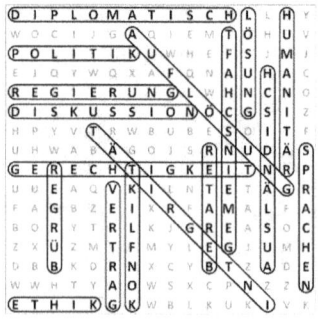

89 - Herboristería

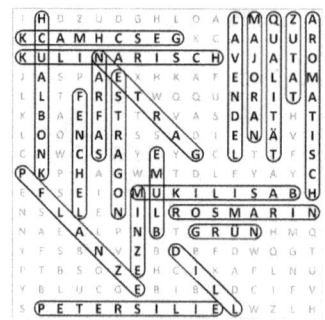

90 - Energía

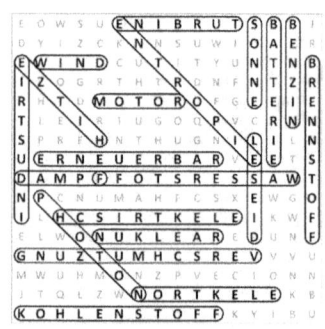

91 - Especias

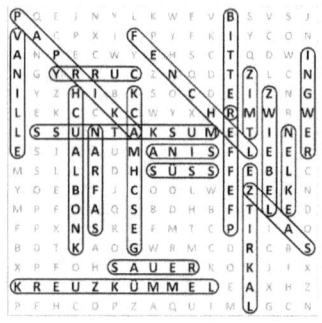

92 - Emociones

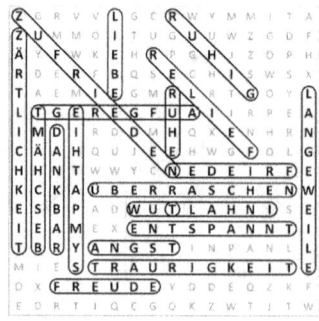

93 - Universo

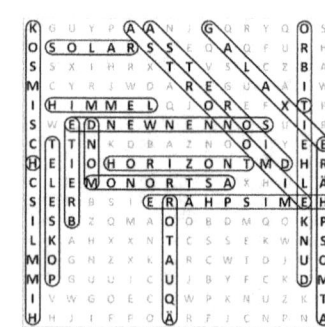

94 - Jazz

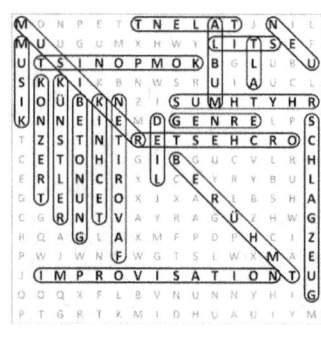

95 - Mediciones

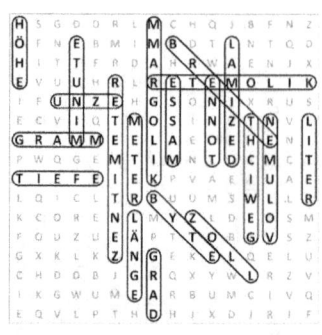

96 - Barcos

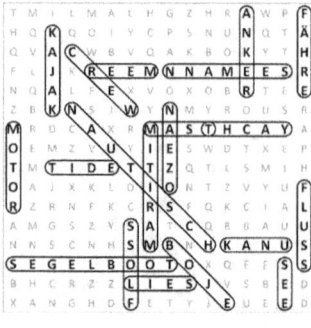

97 - Antártida

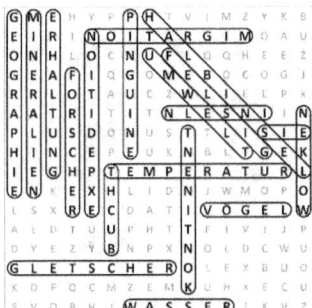

98 - Mamíferos

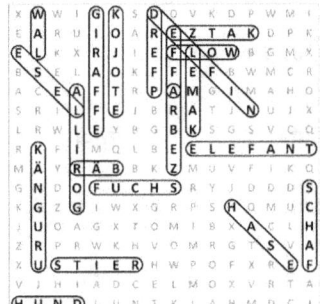

99 - Boxeo

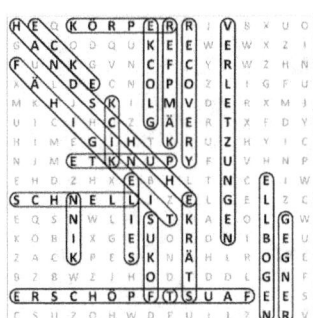

100 - Abejas

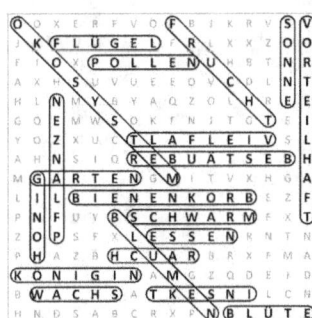

Diccionario

Abejas
Bienen

Alas	Flügel
Beneficioso	Vorteilhaft
Cera	Wachs
Colmena	Bienenkorb
Comida	Essen
Diversidad	Vielfalt
Ecosistema	Ökosystem
Enjambre	Schwarm
Flor	Blüte
Flores	Blumen
Fruta	Frucht
Humo	Rauch
Insecto	Insekt
Jardín	Garten
Miel	Honig
Plantas	Pflanzen
Polen	Pollen
Polinizador	Bestäuber
Reina	Königin
Sol	Sonne

Actividades
Aktivitäten

Actividad	Aktivität
Arte	Kunst
Artesanía	Kunsthandwerk
Caza	Jagd
Cerámica	Keramik
Costura	Nähen
Fotografía	Fotografie
Habilidad	Fähigkeit
Intereses	Interessen
Jardinería	Gartenarbeit
Juegos	Spiele
Lectura	Lesen
Magia	Magie
Ocio	Freizeit
Pesca	Angeln
Pintura	Gemälde
Placer	Vergnügen
Relajación	Entspannung
Senderismo	Wandern
Tejer	Stricken

Actividades y Ocio
Aktivitäten und Freizeit

Arte	Kunst
Baloncesto	Basketball
Béisbol	Baseball
Boxeo	Boxen
Buceo	Tauchen
Camping	Camping
Carreras	Rennen
Compras	Einkaufen
Fútbol	Fussball
Golf	Golf
Jardinería	Gartenarbeit
Natación	Schwimmen
Pesca	Angeln
Pintura	Gemälde
Relajante	Entspannend
Senderismo	Wandern
Surf	Surfen
Tenis	Tennis
Viaje	Reise
Voleibol	Volleyball

Adjetivos #1
Adjektive #1

Absoluto	Absolut
Activo	Aktiv
Ambicioso	Ehrgeizig
Aromático	Aromatisch
Atractivo	Attraktiv
Brillante	Hell
Enorme	Riesig
Generoso	Grosszügig
Grande	Gross
Honesto	Ehrlich
Importante	Wichtig
Inocente	Unschuldig
Joven	Jung
Lento	Langsam
Moderno	Modern
Oscuro	Dunkel
Perfecto	Perfekt
Pesado	Schwer
Serio	Ernst
Valioso	Wertvoll

Adjetivos #2
Adjektive #2

Cansado	Müde
Comestible	Essbar
Creativo	Kreativ
Descriptivo	Beschreibend
Dramático	Dramatisch
Dulce	Süss
Elegante	Elegant
Famoso	Berühmt
Fresco	Frisch
Fuerte	Stark
Interesante	Interessant
Natural	Natürlich
Normal	Normal
Nuevo	Neu
Orgulloso	Stolz
Picante	Würzig
Productivo	Produktiv
Salado	Salzig
Saludable	Gesund
Seco	Trocken

Agronomía
Agronomie

Agua	Wasser
Ciencia	Wissenschaft
Comida	Essen
Contaminación	Verschmutzung
Crecimiento	Wachstum
Ecología	Ökologie
Energía	Energie
Enfermedades	Krankheit
Erosión	Erosion
Estudio	Studie
Fertilizante	Dünger
Medio Ambiente	Umwelt
Orgánico	Organisch
Plantas	Pflanzen
Producción	Produktion
Rural	Ländlich
Semillas	Saat
Sistemas	Systeme
Sostenible	Nachhaltig
Verduras	Gemüse

Agua
Wasser

Canal	Kanal
Ducha	Dusche
Evaporación	Verdunstung
Géiser	Geysir
Helada	Frost
Hielo	Eis
Humedad	Feuchtigkeit
Huracán	Hurrikan
Húmedo	Feucht
Inundación	Flut
Lago	See
Lluvia	Regen
Monzón	Monsun
Nieve	Schnee
Océano	Ozean
Olas	Wellen
Potable	Trinkbar
Riego	Bewässerung
Río	Fluss
Vapor	Dampf

Ajedrez
Schach

Aprender	Lernen
Blanco	Weiss
Campeón	Champion
Concurso	Wettbewerb
Diagonal	Diagonal
Estrategia	Strategie
Inteligente	Klug
Juego	Spiel
Jugador	Spieler
Negro	Schwarz
Oponente	Gegner
Pasivo	Passiv
Puntos	Punkte
Reglas	Regeln
Reina	Königin
Rey	König
Sacrificio	Opfer
Tiempo	Zeit
Torneo	Turnier

Antártida
Antarktis

Agua	Wasser
Bahía	Bucht
Conservación	Erhaltung
Continente	Kontinent
Expedición	Expedition
Geografía	Geographie
Glaciares	Gletscher
Hielo	Eis
Investigador	Forscher
Islas	Inseln
Medio Ambiente	Umwelt
Migración	Migration
Minerales	Mineralien
Nubes	Wolken
Pájaros	Vögel
Península	Halbinsel
Pingüinos	Pinguine
Rocoso	Felsig
Temperatura	Temperatur
Topografía	Topographie

Antigüedades
Antiquitäten

Arte	Kunst
Auténtico	Authentisch
Calidad	Qualität
Condición	Zustand
Decorativo	Dekorativ
Elegante	Elegant
Entusiasta	Enthusiast
Escultura	Skulptur
Estilo	Stil
Galería	Galerie
Inusual	Ungewöhnlich
Inversión	Investition
Joyas	Schmuck
Monedas	Münzen
Mueble	Möbel
Precio	Preis
Siglo	Jahrhundert
Subasta	Versteigerung
Valor	Wert
Viejo	Alt

Arqueología
Archäologie

Análisis	Analyse
Antiguo	Uralt
Antigüedad	Antiquität
Civilización	Zivilisation
Descendiente	Nachkomme
Desconocido	Unbekannt
Equipo	Mannschaft
Era	Ära
Evaluación	Auswertung
Experto	Experte
Fósil	Fossil
Huesos	Knochen
Investigador	Forscher
Misterio	Geheimnis
Objetos	Objekte
Olvidado	Vergessen
Profesor	Professor
Reliquia	Relikt
Templo	Tempel
Tumba	Grab

Artes Visuales
Bildende Kunst

Arcilla	Ton
Arquitectura	Architektur
Artista	Künstler
Barniz	Lack
Caballete	Staffelei
Carbón	Holzkohle
Cera	Wachs
Cerámica	Keramik
Creatividad	Kreativität
Escultura	Skulptur
Fotografía	Foto
Lápiz	Bleistift
Obra Maestra	Meisterwerk
Película	Film
Perspectiva	Perspektive
Pintura	Gemälde
Plantilla	Schablone
Pluma	Stift
Retrato	Porträt
Tiza	Kreide

Astronomía
Astronomie

Asteroide	Asteroid
Astronauta	Astronaut
Astrónomo	Astronom
Cielo	Himmel
Cohete	Rakete
Constelación	Konstellation
Cosmos	Kosmos
Eclipse	Finsternis
Galaxia	Galaxie
Gravedad	Schwerkraft
Luna	Mond
Meteoro	Meteor
Observatorio	Observatorium
Planeta	Planet
Radiación	Strahlung
Satélite	Satellit
Supernova	Supernova
Telescopio	Teleskop
Tierra	Erde
Universo	Universum

Aventura
Abenteuer

Actividad	Aktivität
Alegría	Freude
Amigos	Freunde
Belleza	Schönheit
Destino	Ziel
Dificultad	Schwierigkeit
Entusiasmo	Begeisterung
Excursión	Ausflug
Inusual	Ungewöhnlich
Itinerario	Route
Naturaleza	Natur
Navegación	Navigation
Nuevo	Neu
Oportunidad	Chance
Peligroso	Gefährlich
Preparación	Vorbereitung
Seguridad	Sicherheit
Sorprendente	Überraschend
Valentía	Tapferkeit
Viajes	Reisen

Aviones
Flugzeuge

Aire	Luft
Altura	Höhe
Aterrizaje	Landung
Atmósfera	Atmosphäre
Aventura	Abenteuer
Cielo	Himmel
Combustible	Brennstoff
Construcción	Konstruktion
Dirección	Richtung
Diseño	Design
Globo	Ballon
Hélices	Propeller
Hidrógeno	Wasserstoff
Historia	Geschichte
Motor	Motor
Navegar	Navigieren
Pasajero	Passagier
Piloto	Pilot
Tripulación	Crew
Turbulencia	Turbulenz

Álgebra
Algebra

Cantidad	Menge
Cero	Null
Diagrama	Diagramm
División	Division
Ecuación	Gleichung
Exponente	Exponent
Factor	Faktor
Falso	Falsch
Fórmula	Formel
Fracción	Bruchteil
Infinito	Unendlich
Lineal	Linear
Matriz	Matrix
Número	Nummer
Paréntesis	Klammern
Problema	Problem
Resta	Subtraktion
Simplificar	Vereinfachen
Solución	Lösung
Variable	Variable

Baile
Tanzen

Academia	Akademie
Alegre	Freudig
Arte	Kunst
Clásico	Klassisch
Coreografía	Choreographie
Cuerpo	Körper
Cultura	Kultur
Cultural	Kulturell
Emoción	Emotion
Ensayo	Probe
Expresivo	Ausdrucksvoll
Gracia	Anmut
Movimiento	Bewegung
Música	Musik
Postura	Haltung
Ritmo	Rhythmus
Saltar	Springen
Socio	Partner
Tradicional	Traditionell
Visual	Visuell

Ballet
Ballett

Aplauso	Applaus
Artístico	Künstlerisch
Audiencia	Publikum
Bailarina	Ballerina
Bailarines	Tänzer
Compositor	Komponist
Coreografía	Choreographie
Ensayo	Probe
Estilo	Stil
Expresivo	Ausdrucksvoll
Gesto	Geste
Habilidad	Fähigkeit
Intensidad	Intensität
Músculos	Muskel
Música	Musik
Orquesta	Orchester
Práctica	Praxis
Ritmo	Rhythmus
Solo	Solo
Técnica	Technik

Barbacoas
Barbecues

Almuerzo	Mittagessen
Caliente	Heiss
Cebollas	Zwiebeln
Cena	Abendessen
Cuchillos	Messer
Ensaladas	Salate
Familia	Familie
Fruta	Frucht
Hambre	Hunger
Juegos	Spiele
Música	Musik
Niños	Kinder
Parrilla	Grill
Pimienta	Pfeffer
Pollo	Huhn
Sal	Salz
Salsa	Sosse
Tomates	Tomaten
Verano	Sommer
Verduras	Gemüse

Barcos
Boote

Ancla	Anker
Balsa	Floss
Boya	Boje
Canoa	Kanu
Cuerda	Seil
Ferry	Fähre
Kayak	Kajak
Lago	See
Mar	Meer
Marea	Tide
Marinero	Seemann
Marítimo	Maritim
Mástil	Mast
Motor	Motor
Náutico	Nautisch
Océano	Ozean
Río	Fluss
Tripulación	Crew
Velero	Segelboot
Yate	Yacht

Belleza
Schönheit

Aceites	Öle
Champú	Shampoo
Color	Farbe
Cosméticos	Kosmetik
Elegancia	Eleganz
Elegante	Elegant
Encanto	Charme
Espejo	Spiegel
Estilista	Stylist
Fotogénico	Fotogen
Fragancia	Duft
Gracia	Anmut
Piel	Haut
Pintalabios	Lippenstift
Productos	Produkte
Rizos	Locken
Rímel	Wimperntusche
Suave	Glatt
Tijeras	Schere

Biología
Biologie

Anatomía	Anatomie
Bacterias	Bakterien
Celda	Zelle
Colágeno	Kollagen
Cromosoma	Chromosom
Embrión	Embryo
Enzima	Enzym
Evolución	Evolution
Fotosíntesis	Photosynthese
Hormona	Hormon
Mamífero	Säugetier
Mutación	Mutation
Natural	Natürlich
Nervio	Nerv
Neurona	Neuron
Ósmosis	Osmose
Proteína	Protein
Reptil	Reptil
Simbiosis	Symbiose
Sinapsis	Synapse

Boxeo
Boxen

Barbilla	Kinn
Campana	Glocke
Centrar	Fokus
Codo	Ellbogen
Cuerdas	Seile
Cuerpo	Körper
Esquina	Ecke
Exhausto	Erschöpft
Fuerza	Stärke
Guantes	Handschuhe
Habilidad	Fähigkeit
Lesiones	Verletzungen
Luchador	Kämpfer
Oponente	Gegner
Patear	Kick
Puntos	Punkte
Puño	Faust
Rápido	Schnell
Recuperación	Recovery

Café
Kaffee

Agua	Wasser
Amargo	Bitter
Aroma	Aroma
Asado	Geröstet
Azúcar	Zucker
Ácido	Sauer
Bebida	Getränk
Cafeína	Koffein
Crema	Creme
Filtro	Filter
Leche	Milch
Líquido	Flüssigkeit
Mañana	Morgen
Moler	Mahlen
Negro	Schwarz
Origen	Ursprung
Precio	Preis
Sabor	Geschmack
Taza	Tasse
Variedad	Vielfalt

Camping
Camping

Animales	Tiere
Aventura	Abenteuer
Árboles	Bäume
Bosque	Wald
Brújula	Kompass
Cabina	Kabine
Canoa	Kanu
Caza	Jagd
Cuerda	Seil
Equipo	Ausrüstung
Fuego	Feuer
Hamaca	Hängematte
Insecto	Insekt
Lago	See
Linterna	Laterne
Luna	Mond
Mapa	Karte
Montaña	Berg
Naturaleza	Natur
Sombrero	Hut

Casa
Haus

Alfombra	Teppich
Ático	Dachboden
Biblioteca	Bibliothek
Chimenea	Kamin
Cocina	Küche
Dormitorio	Schlafzimmer
Ducha	Dusche
Escoba	Besen
Espejo	Spiegel
Garaje	Garage
Grifo	Wasserhahn
Jardín	Garten
Lámpara	Lampe
Pared	Wand
Piso	Boden
Puerta	Tür
Sótano	Keller
Techo	Dach
Valla	Zaun
Ventana	Fenster

Chocolate
Schokolade

Amargo	Bitter
Antioxidante	Antioxidans
Aroma	Aroma
Artesanal	Handwerklich
Azúcar	Zucker
Cacahuetes	Erdnüsse
Cacao	Kakao
Calidad	Qualität
Calorías	Kalorien
Caramelo	Karamell
Coco	Kokosnuss
Comer	Essen
Delicioso	Köstlich
Dulce	Süss
Exótico	Exotisch
Favorito	Favorit
Gusto	Geschmack
Ingrediente	Zutat
Polvo	Pulver
Receta	Rezept

Ciencia Ficción
Science Fiction

Atómico	Atomic
Cine	Kino
Distante	Fern
Explosión	Explosion
Extremo	Extrem
Fantástico	Fantastisch
Fuego	Feuer
Futurista	Futuristisch
Galaxia	Galaxie
Ilusión	Illusion
Imaginario	Imaginär
Libros	Bücher
Misterioso	Geheimnisvoll
Mundo	Welt
Oráculo	Orakel
Planeta	Planet
Realista	Realistisch
Robots	Roboter
Tecnología	Technologie
Utopía	Utopie

Ciudad
Stadt

Aeropuerto	Flughafen
Banco	Bank
Biblioteca	Bibliothek
Cine	Kino
Clínica	Klinik
Escuela	Schule
Estadio	Stadion
Farmacia	Apotheke
Florista	Blumenhändler
Galería	Galerie
Hotel	Hotel
Librería	Buchhandlung
Mercado	Markt
Museo	Museum
Panadería	Bäckerei
Supermercado	Supermarkt
Teatro	Theater
Tienda	Geschäft
Universidad	Universität
Zoo	Zoo

Clima
Wetter

Atmósfera	Atmosphäre
Brisa	Brise
Cielo	Himmel
Clima	Klima
Hielo	Eis
Huracán	Hurrikan
Inundación	Flut
Monzón	Monsun
Niebla	Nebel
Nube	Wolke
Polar	Polar
Rayo	Blitz
Seco	Trocken
Sequía	Dürre
Temperatura	Temperatur
Tormenta	Sturm
Tornado	Tornado
Tropical	Tropisch
Trueno	Donner
Viento	Wind

Colores
Farben

Amarillo	Gelb
Azul	Blau
Azur	Azurblau
Beige	Beige
Blanco	Weiss
Carmesí	Purpur
Cian	Zyan
Fucsia	Fuchsie
Gris	Grau
Índigo	Indigo
Magenta	Magenta
Marrón	Braun
Naranja	Orange
Negro	Schwarz
Púrpura	Lila
Rojo	Rot
Rosa	Rosa
Sepia	Sepia
Verde	Grün
Violeta	Violett

Comida #1
Essen #1

Ajo	Knoblauch
Albahaca	Basilikum
Atún	Thunfisch
Azúcar	Zucker
Canela	Zimt
Carne	Fleisch
Cebada	Gerste
Cebolla	Zwiebel
Ensalada	Salat
Espinacas	Spinat
Fresa	Erdbeere
Jugo	Saft
Leche	Milch
Limón	Zitrone
Menta	Minze
Nabo	Rübe
Pera	Birne
Sal	Salz
Sopa	Suppe
Zanahoria	Karotte

Comida #2
Essen #2

Alcachofa	Artischocke
Almendra	Mandel
Apio	Sellerie
Arroz	Reis
Berenjena	Aubergine
Cereza	Kirsche
Chocolate	Schokolade
Girasol	Sonnenblume
Huevo	Ei
Jengibre	Ingwer
Kiwi	Kiwi
Manzana	Apfel
Pan	Brot
Plátano	Banane
Pollo	Huhn
Queso	Käse
Tomate	Tomate
Trigo	Weizen
Uva	Traube
Yogur	Joghurt

Conduciendo
Fahren

Accidente	Unfall
Autobús	Bus
Calle	Strasse
Camión	Lkw
Coche	Auto
Combustible	Brennstoff
Frenos	Bremsen
Garaje	Garage
Gas	Gas
Licencia	Lizenz
Mapa	Karte
Motocicleta	Motorrad
Motor	Motor
Peatonal	Fussgänger
Peligro	Gefahr
Policía	Polizei
Seguridad	Sicherheit
Transporte	Transport
Tráfico	Verkehr
Túnel	Tunnel

Creatividad
Kreativität

Artístico	Künstlerisch
Autenticidad	Authentizität
Claridad	Klarheit
Dramático	Dramatisch
Espontáneo	Spontan
Expresión	Ausdruck
Fluidez	Flüssigkeit
Habilidad	Fähigkeit
Ideas	Ideen
Imagen	Bild
Imaginación	Phantasie
Impresión	Eindruck
Inspiración	Inspiration
Intensidad	Intensität
Intuición	Intuition
Inventivo	Erfinderisch
Sensación	Sensation
Sentimientos	Gefühle
Visiones	Visionen
Vitalidad	Vitalität

Cuerpo Humano
Menschlicher Körper

Barbilla	Kinn
Boca	Mund
Cabeza	Kopf
Cara	Gesicht
Cerebro	Gehirn
Codo	Ellbogen
Corazón	Herz
Cuello	Hals
Dedo	Finger
Hombro	Schulter
Lengua	Zunge
Mano	Hand
Nariz	Nase
Ojo	Auge
Oreja	Ohr
Piel	Haut
Pierna	Bein
Rodilla	Knie
Sangre	Blut
Tobillo	Knöchel

Deporte
Sport

Atleta	Athlet
Baile	Tanzen
Capacidad	Fähigkeit
Ciclismo	Radfahren
Cuerpo	Körper
Deportes	Sport
Dieta	Diät
Entrenador	Trainer
Fuerza	Stärke
Huesos	Knochen
Maximizar	Maximieren
Meta	Ziel
Metabólico	Metabolisch
Músculos	Muskel
Nadar	Schwimmen
Nutrición	Ernährung
Programa	Programm
Resistencia	Ausdauer
Respirar	Atmen
Salud	Gesundheit

Diplomacia
Diplomatie

Asesor	Berater
Ciudadanos	Bürger
Comunidad	Gemeinschaft
Conflicto	Konflikt
Diplomático	Diplomatisch
Discusión	Diskussion
Embajada	Botschaft
Embajador	Botschafter
Extranjero	Ausländisch
Ética	Ethik
Gobierno	Regierung
Humanitario	Humanitär
Idiomas	Sprachen
Integridad	Integrität
Justicia	Gerechtigkeit
Política	Politik
Resolución	Auflösung
Seguridad	Sicherheit
Solución	Lösung
Tratado	Vertrag

Disciplinas Científicas
Wissenschaftliche Disziplinen

Anatomía	Anatomie
Arqueología	Archäologie
Astronomía	Astronomie
Biología	Biologie
Bioquímica	Biochemie
Botánica	Botanik
Ecología	Ökologie
Fisiología	Physiologie
Geología	Geologie
Inmunología	Immunologie
Lingüística	Linguistik
Mecánica	Mechanik
Meteorología	Meteorologie
Mineralogía	Mineralogie
Neurología	Neurologie
Psicología	Psychologie
Química	Chemie
Sociología	Soziologie
Termodinámica	Thermodynamik
Zoología	Zoologie

Días y Meses
Tage und Monate

Abril	April
Agosto	August
Año	Jahr
Calendario	Kalender
Domingo	Sonntag
Enero	Januar
Febrero	Februar
Jueves	Donnerstag
Julio	Juli
Junio	Juni
Lunes	Montag
Martes	Dienstag
Mes	Monat
Miércoles	Mittwoch
Noviembre	November
Octubre	Oktober
Sábado	Samstag
Semana	Woche
Septiembre	September
Viernes	Freitag

Ecología
Ökologie

Clima	Klima
Comunidades	Gemeinschaft
Diversidad	Vielfalt
Especie	Art
Fauna	Fauna
Flora	Flora
Global	Global
Hábitat	Lebensraum
Marino	Marine
Montañas	Berge
Natural	Natürlich
Naturaleza	Natur
Pantano	Sumpf
Plantas	Pflanzen
Recursos	Ressourcen
Sequía	Dürre
Sostenible	Nachhaltig
Supervivencia	Überleben
Vegetación	Vegetation
Voluntarios	Freiwillige

Edificios
Gebäude

Albergue	Herberge
Apartamento	Apartment
Castillo	Schloss
Cine	Kino
Embajada	Botschaft
Escuela	Schule
Estadio	Stadion
Fábrica	Fabrik
Garaje	Garage
Granero	Scheune
Granja	Bauernhof
Hospital	Krankenhaus
Hotel	Hotel
Laboratorio	Labor
Museo	Museum
Observatorio	Observatorium
Supermercado	Supermarkt
Teatro	Theater
Torre	Turm
Universidad	Universität

Electricidad
Elektrizität

Almacenamiento	Lagerung
Batería	Batterie
Cable	Kabel
Cables	Drähte
Cantidad	Menge
Electricista	Elektriker
Eléctrico	Elektrisch
Enchufe	Steckdose
Equipo	Ausrüstung
Generador	Generator
Imán	Magnet
Lámpara	Lampe
Láser	Laser
Negativo	Negativ
Objetos	Objekte
Positivo	Positiv
Red	Netzwerk
Televisión	Fernsehen
Teléfono	Telefon

Emociones
Emotionen

Aburrimiento	Langeweile
Agradecido	Dankbar
Alegría	Freude
Alivio	Relief
Amor	Liebe
Avergonzado	Beschämt
Calma	Ruhig
Contenido	Inhalt
Emocionado	Aufgeregt
Ira	Wut
Miedo	Angst
Paz	Frieden
Relajado	Entspannt
Satisfecho	Zufrieden
Simpatía	Sympathie
Sorpresa	Überraschen
Ternura	Zärtlichkeit
Tranquilidad	Ruhe
Tristeza	Traurigkeit

Energía
Energie

Batería	Batterie
Calor	Hitze
Carbono	Kohlenstoff
Combustible	Brennstoff
Contaminación	Verschmutzung
Diesel	Diesel
Electrón	Elektron
Eléctrico	Elektrisch
Entropía	Entropie
Fotón	Photon
Gasolina	Benzin
Hidrógeno	Wasserstoff
Industria	Industrie
Motor	Motor
Nuclear	Nuklear
Renovable	Erneuerbar
Sol	Sonne
Turbina	Turbine
Vapor	Dampf
Viento	Wind

Enfermedad
Krankheit

Abdominal	Abdominal
Agudo	Akut
Alergias	Allergien
Bienestar	Wellness
Contagioso	Ansteckend
Corazón	Herz
Crónica	Chronisch
Cuerpo	Körper
Débil	Schwach
Genético	Genetisch
Hereditario	Erblich
Huesos	Knochen
Inflamación	Entzündung
Inmunidad	Immunität
Neuropatía	Neuropathie
Pulmonar	Pulmonal
Respiratorio	Atemwege
Salud	Gesundheit
Síndrome	Syndrom
Terapia	Therapie

Especias
Gewürze

Agrio	Sauer
Ajo	Knoblauch
Amargo	Bitter
Anís	Anis
Azafrán	Safran
Canela	Zimt
Cebolla	Zwiebel
Clavo	Nelke
Comino	Kreuzkümmel
Curry	Curry
Dulce	Süss
Hinojo	Fenchel
Jengibre	Ingwer
Nuez Moscada	Muskatnuss
Pimentón	Paprika
Pimienta	Pfeffer
Regaliz	Lakritze
Sabor	Geschmack
Sal	Salz
Vainilla	Vanille

Familia
Familie

Abuela	Grossmutter
Abuelo	Grossvater
Antepasado	Vorfahr
Esposa	Ehefrau
Hermana	Schwester
Hermano	Bruder
Hija	Tochter
Infancia	Kindheit
Madre	Mutter
Marido	Ehemann
Materno	Mütterlich
Nieto	Enkel
Niño	Kind
Niños	Kinder
Padre	Vater
Primo	Vetter
Sobrina	Nichte
Sobrino	Neffe
Tía	Tante
Tío	Onkel

Física
Physik

Átomo	Atom
Caos	Chaos
Densidad	Dichte
Electrón	Elektron
Expansión	Expansion
Fórmula	Formel
Frecuencia	Frequenz
Gas	Gas
Gravedad	Schwerkraft
Magnetismo	Magnetismus
Masa	Masse
Mecánica	Mechanik
Molécula	Molekül
Motor	Motor
Nuclear	Nuklear
Partícula	Partikel
Químico	Chemisch
Relatividad	Relativität
Universal	Universal
Variable	Variable

Flores
Blumen

Amapola	Mohn
Diente de León	Löwenzahn
Gardenia	Gardenie
Girasol	Sonnenblume
Hibisco	Hibiskus
Jazmín	Jasmin
Lavanda	Lavendel
Lila	Lila
Lirio	Lilie
Magnolia	Magnolie
Margarita	Gänseblümchen
Orquídea	Orchidee
Pasionaria	Passionsblume
Peonía	Pfingstrose
Pétalo	Blütenblatt
Plumeria	Plumeria
Ramo	Strauss
Rosa	Rose
Trébol	Klee
Tulipán	Tulpe

Formas
Formen

Arco	Bogen
Bordes	Kanten
Cilindro	Zylinder
Círculo	Kreis
Cono	Kegel
Cuadrado	Quadrat
Cubo	Würfel
Curva	Kurve
Elipse	Ellipse
Esfera	Kugel
Esquina	Ecke
Hipérbola	Hyperbel
Lado	Seite
Línea	Linie
Oval	Oval
Pirámide	Pyramide
Polígono	Polygon
Prisma	Prisma
Rectángulo	Rechteck
Triángulo	Dreieck

Fruta
Obst

Aguacate	Avocado
Albaricoque	Aprikose
Baya	Beere
Cereza	Kirsche
Coco	Kokosnuss
Frambuesa	Himbeere
Guayaba	Guave
Kiwi	Kiwi
Limón	Zitrone
Mango	Mango
Manzana	Apfel
Melocotón	Pfirsich
Melón	Melone
Naranja	Orange
Nectarina	Nektarine
Papaya	Papaya
Pera	Birne
Piña	Ananas
Plátano	Banane
Uva	Traube

Geografía
Geographie

Altitud	Höhe
Atlas	Atlas
Ciudad	Stadt
Continente	Kontinent
Hemisferio	Hemisphäre
Isla	Insel
Latitud	Breite
Longitud	Längengrad
Mapa	Karte
Mar	Meer
Meridiano	Meridian
Montaña	Berg
Mundo	Welt
Norte	Norden
Oeste	West
País	Land
Región	Region
Río	Fluss
Sur	Süden
Territorio	Gebiet

Geología
Geologie

Ácido	Säure
Calcio	Kalzium
Capa	Schicht
Caverna	Höhle
Continente	Kontinent
Coral	Koralle
Cristales	Kristalle
Cuarzo	Quarz
Erosión	Erosion
Estalactita	Stalaktit
Estalagmitas	Stalagmiten
Fósil	Fossil
Géiser	Geysir
Lava	Lava
Meseta	Plateau
Minerales	Mineralien
Piedra	Stein
Sal	Salz
Terremoto	Erdbeben
Volcán	Vulkan

Geometría
Geometrie

Altura	Höhe
Ángulo	Winkel
Cálculo	Berechnung
Curva	Kurve
Diámetro	Durchmesser
Dimensión	Dimension
Ecuación	Gleichung
Horizontal	Horizontal
Lógica	Logik
Masa	Masse
Mediana	Median
Número	Nummer
Paralelo	Parallel
Proporción	Anteil
Segmento	Segment
Simetría	Symmetrie
Superficie	Oberfläche
Teoría	Theorie
Triángulo	Dreieck
Vertical	Vertikal

Gobierno
Regierung

Civil	Zivil
Constitución	Verfassung
Democracia	Demokratie
Derechos	Rechte
Discurso	Rede
Discusión	Diskussion
Distrito	Bezirk
Estado	Staat
Igualdad	Gleichheit
Judicial	Justiziell
Justicia	Gerechtigkeit
Ley	Gesetz
Libertad	Freiheit
Líder	Führer
Monumento	Denkmal
Nacional	National
Nación	Nation
Pacífico	Friedlich
Política	Politik
Símbolo	Symbol

Granja #1
Bauernhof #1

Abeja	Biene
Agua	Wasser
Arroz	Reis
Burro	Esel
Caballo	Pferd
Cabra	Ziege
Campo	Feld
Cuervo	Krähe
Fertilizante	Dünger
Gato	Katze
Heno	Heu
Miel	Honig
Perro	Hund
Pollo	Huhn
Rebaño	Herde
Semillas	Saat
Ternero	Kalb
Tierra	Land
Vaca	Kuh
Valla	Zaun

Granja #2
Bauernhof #2

Agricultor	Bauer
Animales	Tiere
Cebada	Gerste
Colmena	Bienenstock
Comida	Essen
Cordero	Lamm
Fruta	Frucht
Granero	Scheune
Huerto	Obstgarten
Leche	Milch
Llama	Lama
Maíz	Mais
Oveja	Schaf
Pastor	Schäfer
Pato	Ente
Prado	Wiese
Riego	Bewässerung
Tractor	Traktor
Trigo	Weizen
Vegetal	Gemüse

Herboristería
Kräuterkunde

Ajo	Knoblauch
Albahaca	Basilikum
Aromático	Aromatisch
Azafrán	Safran
Calidad	Qualität
Culinario	Kulinarisch
Eneldo	Dill
Estragón	Estragon
Flor	Blume
Hinojo	Fenchel
Ingrediente	Zutat
Jardín	Garten
Lavanda	Lavendel
Mejorana	Majoran
Menta	Minze
Perejil	Petersilie
Planta	Pflanze
Romero	Rosmarin
Sabor	Geschmack
Verde	Grün

Ingeniería
Ingenieurwesen

Ángulo	Winkel
Cálculo	Berechnung
Construcción	Konstruktion
Diagrama	Diagramm
Diámetro	Durchmesser
Diesel	Diesel
Distribución	Verteilung
Eje	Achse
Energía	Energie
Estabilidad	Stabilität
Estructura	Struktur
Fricción	Reibung
Fuerza	Stärke
Líquido	Flüssigkeit
Máquina	Maschine
Medición	Messung
Motor	Motor
Palancas	Hebel
Profundidad	Tiefe
Propulsión	Antrieb

Instrumentos Musicales
Musikinstrumente

Armónica	Mundharmonika
Arpa	Harfe
Banjo	Banjo
Clarinete	Klarinette
Fagot	Fagott
Flauta	Flöte
Gong	Gong
Guitarra	Gitarre
Mandolina	Mandoline
Marimba	Marimba
Oboe	Oboe
Pandereta	Tamburin
Percusión	Schlagzeug
Piano	Klavier
Saxofón	Saxophon
Tambor	Trommel
Trombón	Posaune
Trompeta	Trompete
Violín	Geige
Violonchelo	Cello

Jardinería
Gartenarbeit

Agua	Wasser
Botánico	Botanisch
Clima	Klima
Comestible	Essbar
Compost	Kompost
Contenedor	Container
Especie	Art
Estacional	Saisonal
Exótico	Exotisch
Flor	Blüte
Follaje	Laub
Hoja	Blatt
Huerto	Obstgarten
Humedad	Feuchtigkeit
Manguera	Schlauch
Ramo	Strauss
Semillas	Saat
Suciedad	Schmutz
Suelo	Boden

Jardín
Garten

Arbusto	Busch
Árbol	Baum
Banco	Bank
Césped	Rasen
Estanque	Teich
Flor	Blume
Garaje	Garage
Hamaca	Hängematte
Hierba	Gras
Huerto	Obstgarten
Jardín	Garten
Malezas	Unkraut
Manguera	Schlauch
Pala	Schaufel
Porche	Veranda
Rastrillo	Rechen
Suelo	Boden
Terraza	Terrasse
Trampolín	Trampolin
Valla	Zaun

Jazz
Jazz

Artista	Künstler
Álbum	Album
Canción	Lied
Compositor	Komponist
Concierto	Konzert
Estilo	Stil
Énfasis	Betonung
Famoso	Berühmt
Favoritos	Favoriten
Género	Genre
Improvisación	Improvisation
Música	Musik
Músicos	Musiker
Nuevo	Neu
Orquesta	Orchester
Ritmo	Rhythmus
Talento	Talent
Tambores	Schlagzeug
Técnica	Technik
Viejo	Alt

La Empresa
Das Unternehmen

Calidad	Qualität
Creativo	Kreativ
Decisión	Entscheidung
Empleo	Beschäftigung
Global	Global
Industria	Industrie
Ingresos	Einnahmen
Innovador	Innovativ
Inversión	Investition
Negocio	Geschäft
Posibilidad	Möglichkeit
Presentación	Präsentation
Producto	Produkt
Profesional	Professionell
Progreso	Fortschritt
Recursos	Ressourcen
Reputación	Ruf
Riesgos	Risiken
Salarios	Löhne
Unidades	Einheiten

Libros
Bücher

Autor	Autor
Aventura	Abenteuer
Colección	Kollektion
Contexto	Kontext
Dualidad	Dualität
Escrito	Geschrieben
Historia	Geschichte
Histórico	Historisch
Humorístico	Humorvoll
Inventivo	Erfinderisch
Lector	Leser
Literario	Literarisch
Narrador	Erzähler
Novela	Roman
Página	Seite
Pertinente	Relevant
Poema	Gedicht
Poesía	Poesie
Serie	Serie
Trágico	Tragisch

Literatura
Literatur

Analogía	Analogie
Análisis	Analyse
Anécdota	Anekdote
Autor	Autor
Biografía	Biographie
Comparación	Vergleich
Descripción	Beschreibung
Diálogo	Dialog
Estilo	Stil
Ficción	Fiktion
Metáfora	Metapher
Narrador	Erzähler
Novela	Roman
Opinión	Meinung
Poema	Gedicht
Poético	Poetisch
Rima	Reim
Ritmo	Rhythmus
Tema	Thema
Tragedia	Tragödie

Mamíferos
Säugetiere

Ballena	Wal
Burro	Esel
Caballo	Pferd
Camello	Kamel
Canguro	Känguru
Cebra	Zebra
Conejo	Hase
Coyote	Kojote
Delfín	Delfin
Elefante	Elefant
Gato	Katze
Gorila	Gorilla
Jirafa	Giraffe
Lobo	Wolf
Mono	Affe
Oso	Bär
Oveja	Schaf
Perro	Hund
Toro	Stier
Zorro	Fuchs

Matemáticas
Mathematik

Aritmética	Arithmetik
Ángulos	Winkel
Circunferencia	Umfang
Cuadrado	Quadrat
Decimal	Dezimal
Diámetro	Durchmesser
Ecuación	Gleichung
Esfera	Kugel
Exponente	Exponent
Fracción	Bruchteil
Geometría	Geometrie
Números	Zahlen
Paralelo	Parallel
Perpendicular	Senkrecht
Polígono	Polygon
Radio	Radius
Rectángulo	Rechteck
Simetría	Symmetrie
Triángulo	Dreieck
Volumen	Volumen

Mediciones
Messungen

Altura	Höhe
Ancho	Breite
Byte	Byte
Centímetro	Zentimeter
Decimal	Dezimal
Grado	Grad
Gramo	Gramm
Kilogramo	Kilogramm
Kilómetro	Kilometer
Litro	Liter
Longitud	Länge
Masa	Masse
Metro	Meter
Minuto	Minute
Onza	Unze
Peso	Gewicht
Profundidad	Tiefe
Pulgada	Zoll
Tonelada	Tonne
Volumen	Volumen

Meditación
Meditation

Aceptación	Annahme
Aprender	Lernen
Calma	Ruhig
Claridad	Klarheit
Compasión	Mitgefühl
Despierto	Wach
Enseñanzas	Lehre
Felicidad	Glück
Gratitud	Dankbarkeit
Mental	Geistig
Mente	Verstand
Movimiento	Bewegung
Música	Musik
Naturaleza	Natur
Paz	Frieden
Pensamientos	Gedanken
Perspectiva	Perspektive
Postura	Haltung
Respiración	Atmung
Silencio	Stille

Mitología
Mythologie

Arquetipo	Archetyp
Celos	Eifersucht
Cielo	Himmel
Comportamiento	Verhalten
Creación	Kreation
Criatura	Kreatur
Cultura	Kultur
Deidades	Gottheiten
Desastre	Katastrophe
Fuerza	Stärke
Guerrero	Krieger
Heroína	Heldin
Héroe	Held
Laberinto	Labyrinth
Leyenda	Legende
Monstruo	Monster
Mortal	Sterblich
Rayo	Blitz
Trueno	Donner
Venganza	Rache

Moda
Mode

Asequible	Erschwinglich
Bordado	Stickerei
Botones	Tasten
Boutique	Boutique
Caro	Teuer
Elegante	Elegant
Encaje	Spitze
Estilo	Stil
Moderno	Modern
Modesto	Bescheiden
Original	Original
Patrón	Muster
Práctico	Praktisch
Ropa	Kleidung
Sencillo	Einfach
Sofisticado	Anspruchsvoll
Tejido	Stoff
Tendencia	Trend
Textura	Textur

Mueble
Möbel

Alfombra	Teppich
Almohada	Kissen
Armario	Schrank
Banco	Bank
Cama	Bett
Colchón	Matratze
Cortinas	Vorhang
Cómoda	Kommode
Edredones	Bettdecke
Escritorio	Schreibtisch
Espejo	Spiegel
Estantería	Bücherregal
Estantes	Regal
Futón	Futon
Hamaca	Hängematte
Lámpara	Lampe
Silla	Stuhl
Sillón	Sessel
Sofá	Couch

Música
Musik

Armonía	Harmonie
Armónico	Harmonisch
Álbum	Album
Balada	Ballade
Cantante	Sänger
Cantar	Singen
Clásico	Klassisch
Coro	Chor
Grabación	Aufnahme
Improvisar	Improvisieren
Instrumento	Instrument
Melodía	Melodie
Micrófono	Mikrofon
Musical	Musical
Músico	Musiker
Ópera	Oper
Poético	Poetisch
Ritmo	Rhythmus
Rítmico	Rhythmisch
Tempo	Tempo

Naturaleza
Natur

Abejas	Bienen
Animales	Tiere
Ártico	Arktis
Belleza	Schönheit
Bosque	Wald
Desierto	Wüste
Dinámico	Dynamisch
Erosión	Erosion
Follaje	Laub
Glaciar	Gletscher
Niebla	Nebel
Nubes	Wolken
Pacífico	Friedlich
Refugio	Schutz
Río	Fluss
Salvaje	Wild
Santuario	Heiligtum
Sereno	Heiter
Tropical	Tropisch
Vital	Lebenswichtig

Negocio
Geschäft

Carrera	Karriere
Costo	Kosten
Descuento	Rabatt
Dinero	Geld
Economía	Wirtschaft
Empleado	Mitarbeiter
Empleador	Arbeitgeber
Empresa	Firma
Fábrica	Fabrik
Finanzas	Finanzieren
Impuestos	Steuern
Inversión	Investition
Mercancía	Ware
Moneda	Währung
Oficina	Büro
Presupuesto	Budget
Tienda	Geschäft
Trabajo	Job
Transacción	Transaktion
Venta	Verkauf

Nutrición
Ernährung

Amargo	Bitter
Apetito	Appetit
Calidad	Qualität
Calorías	Kalorien
Carbohidratos	Kohlenhydrate
Cereales	Getreide
Comestible	Essbar
Dieta	Diät
Digestión	Verdauung
Equilibrado	Ausgewogen
Fermentación	Fermentation
Nutriente	Nährstoff
Peso	Gewicht
Proteínas	Proteine
Sabor	Geschmack
Salsa	Sosse
Salud	Gesundheit
Saludable	Gesund
Toxina	Toxin
Vitamina	Vitamin

Números
Zahlen

Catorce	Vierzehn
Cero	Null
Cinco	Fünf
Cuatro	Vier
Decimal	Dezimal
Diecinueve	Neunzehn
Dieciocho	Achtzehn
Dieciséis	Sechzehn
Diecisiete	Siebzehn
Diez	Zehn
Doce	Zwölf
Dos	Zwei
Nueve	Neun
Ocho	Acht
Quince	Fünfzehn
Seis	Sechs
Siete	Sieben
Trece	Dreizehn
Tres	Drei
Veinte	Zwanzig

Océano
Ozean

Alga	Algen
Anguila	Aal
Arrecife	Riff
Atún	Thunfisch
Ballena	Wal
Barco	Boot
Camarón	Garnele
Cangrejo	Krabbe
Coral	Koralle
Delfín	Delfin
Esponja	Schwamm
Mareas	Gezeiten
Medusa	Qualle
Ostra	Auster
Pescado	Fisch
Pulpo	Krake
Sal	Salz
Tiburón	Hai
Tormenta	Sturm
Tortuga	Schildkröte

Paisajes
Landschaften

Cascada	Wasserfall
Cueva	Höhle
Desierto	Wüste
Estuario	Mündung
Géiser	Geysir
Glaciar	Gletscher
Iceberg	Eisberg
Isla	Insel
Lago	See
Laguna	Lagune
Mar	Meer
Montaña	Berg
Oasis	Oase
Pantano	Sumpf
Península	Halbinsel
Playa	Strand
Río	Fluss
Tundra	Tundra
Valle	Tal
Volcán	Vulkan

Países #1
Länder #1

Alemania	Deutschland
Argentina	Argentinien
Bélgica	Belgien
Brasil	Brasilien
Canadá	Kanada
Ecuador	Ecuador
Egipto	Ägypten
España	Spanien
Filipinas	Philippinen
Honduras	Honduras
India	Indien
Italia	Italien
Libia	Libyen
Malí	Mali
Marruecos	Marokko
Nicaragua	Nicaragua
Noruega	Norwegen
Panamá	Panama
Polonia	Polen
Venezuela	Venezuela

Países #2
Länder #2

Albania	Albanien
Australia	Australien
Austria	Österreich
Dinamarca	Dänemark
Etiopía	Äthiopien
Francia	Frankreich
Grecia	Griechenland
Indonesia	Indonesien
Irlanda	Irland
Jamaica	Jamaika
Japón	Japan
Laos	Laos
México	Mexiko
Pakistán	Pakistan
Portugal	Portugal
Rusia	Russland
Siria	Syrien
Sudán	Sudan
Ucrania	Ukraine
Uganda	Uganda

Pájaros
Vögel

Avestruz	Strauss
Águila	Adler
Cigüeña	Storch
Cisne	Schwan
Cuco	Kuckuck
Cuervo	Krähe
Flamenco	Flamingo
Ganso	Gans
Garza	Reiher
Gaviota	Möwe
Gorrión	Spatz
Halcón	Falke
Huevo	Ei
Loro	Papagei
Paloma	Taube
Pato	Ente
Pelícano	Pelikan
Pingüino	Pinguin
Pollo	Huhn
Tucán	Toucan

Pesca
Angeln

Agua	Wasser
Aletas	Flossen
Barco	Boot
Branquias	Kiemen
Cable	Draht
Cebo	Köder
Cesta	Korb
Cocinar	Kochen
Equipo	Ausrüstung
Exageración	Übertreibung
Gancho	Haken
Lago	See
Mandíbula	Kiefer
Océano	Ozean
Paciencia	Geduld
Peso	Gewicht
Playa	Strand
Río	Fluss
Temporada	Jahreszeit

Plantas
Pflanzen

Arbusto	Busch
Árbol	Baum
Bambú	Bambus
Baya	Beere
Bosque	Wald
Botánica	Botanik
Cactus	Kaktus
Fertilizante	Dünger
Flor	Blume
Flora	Flora
Follaje	Laub
Frijol	Bohne
Hiedra	Efeu
Hierba	Gras
Hoja	Blatt
Jardín	Garten
Musgo	Moos
Pétalo	Blütenblatt
Raíz	Wurzel
Vegetación	Vegetation

Profesiones #1
Berufe #1

Abogado	Rechtsanwalt
Astrónomo	Astronom
Atleta	Athlet
Bailarín	Tänzer
Banquero	Bankier
Bombero	Feuerwehrmann
Cartógrafo	Kartograph
Cazador	Jäger
Doctor	Arzt
Editor	Editor
Embajador	Botschafter
Entrenador	Trainer
Fontanero	Klempner
Geólogo	Geologe
Joyero	Juwelier
Marinero	Seemann
Músico	Musiker
Pianista	Pianist
Psicólogo	Psychologe
Veterinario	Tierarzt

Profesiones #2
Berufe #2

Astronauta	Astronaut
Bibliotecario	Bibliothekar
Biólogo	Biologe
Cirujano	Chirurg
Dentista	Zahnarzt
Detective	Detektiv
Filósofo	Philosoph
Fotógrafo	Fotograf
Ilustrador	Illustrator
Ingeniero	Ingenieur
Inventor	Erfinder
Investigador	Forscher
Jardinero	Gärtner
Lingüista	Linguist
Médico	Arzt
Periodista	Journalist
Piloto	Pilot
Pintor	Maler
Profesor	Lehrer
Zoólogo	Zoologe

Química
Chemie

Alcalino	Alkalisch
Ácido	Säure
Calor	Hitze
Carbono	Kohlenstoff
Catalizador	Katalysator
Cloro	Chlor
Electrón	Elektron
Enzima	Enzym
Gas	Gas
Hidrógeno	Wasserstoff
Ion	Ion
Líquido	Flüssigkeit
Metales	Metalle
Molécula	Molekül
Nuclear	Nuklear
Oxígeno	Sauerstoff
Peso	Gewicht
Reacción	Reaktion
Sal	Salz
Temperatura	Temperatur

Restaurante #2
Restaurant #2

Agua	Wasser
Almuerzo	Mittagessen
Aperitivo	Vorspeise
Bebida	Getränk
Camarero	Kellner
Cena	Abendessen
Cuchara	Löffel
Delicioso	Köstlich
Ensalada	Salat
Especias	Gewürze
Fruta	Frucht
Hielo	Eis
Huevos	Eier
Pastel	Kuchen
Pescado	Fisch
Sal	Salz
Silla	Stuhl
Sopa	Suppe
Tenedor	Gabel
Verduras	Gemüse

Ropa
Kleidung

Abrigo	Mantel
Blusa	Bluse
Bufanda	Schal
Camisa	Hemd
Chaqueta	Jacke
Cinturón	Gürtel
Collar	Halskette
Delantal	Schürze
Falda	Rock
Guantes	Handschuhe
Joyas	Schmuck
Moda	Mode
Pantalones	Hose
Pijama	Schlafanzug
Pulsera	Armband
Sandalias	Sandalen
Sombrero	Hut
Suéter	Pullover
Vestido	Kleid
Zapato	Schuh

Salud y Bienestar #1
Gesundheit und Wellness #1

Activo	Aktiv
Altura	Höhe
Bacterias	Bakterien
Clínica	Klinik
Doctor	Arzt
Farmacia	Apotheke
Fractura	Fraktur
Hambre	Hunger
Hábito	Gewohnheit
Hormonas	Hormone
Huesos	Knochen
Medicina	Medizin
Músculos	Muskel
Piel	Haut
Postura	Haltung
Reflejo	Reflex
Relajación	Entspannung
Terapia	Therapie
Tratamiento	Behandlung
Virus	Virus

Salud y Bienestar #2
Gesundheit und Wellness #2

Alergia	Allergie
Anatomía	Anatomie
Apetito	Appetit
Caloría	Kalorie
Dieta	Diät
Digestión	Verdauung
Energía	Energie
Enfermedad	Krankheit
Estrés	Stress
Genética	Genetik
Higiene	Hygiene
Hospital	Krankenhaus
Infección	Infektion
Masaje	Massage
Nutrición	Ernährung
Peso	Gewicht
Recuperación	Recovery
Saludable	Gesund
Sangre	Blut
Vitamina	Vitamin

Senderismo
Wandern

Acantilado	Klippe
Agua	Wasser
Animales	Tiere
Botas	Stiefel
Camping	Camping
Cansado	Müde
Clima	Klima
Cumbre	Gipfel
Guías	Führer
Mapa	Karte
Montaña	Berg
Naturaleza	Natur
Orientación	Orientierung
Parques	Parks
Pesado	Schwer
Piedras	Steine
Preparación	Vorbereitung
Salvaje	Wild
Sol	Sonne

Tiempo
Zeit

Ahora	Jetzt
Antes	Vor
Anual	Jährlich
Año	Jahr
Ayer	Gestern
Calendario	Kalender
Década	Jahrzehnt
Día	Tag
Futuro	Zukunft
Hora	Stunde
Hoy	Heute
Mañana	Morgen
Mediodía	Mittag
Mes	Monat
Minuto	Minute
Momento	Moment
Noche	Nacht
Reloj	Uhr
Semana	Woche
Siglo	Jahrhundert

Tipos de Cabello
Haartypen

Blanco	Weiss
Brillante	Glänzend
Calvo	Kahl
Corto	Kurz
Delgada	Dünn
Gris	Grau
Grueso	Dick
Largo	Lang
Marrón	Braun
Negro	Schwarz
Ondulado	Wellig
Plata	Silber
Rizado	Lockig
Rizos	Locken
Rubio	Blond
Saludable	Gesund
Seco	Trocken
Suave	Weich
Trenzado	Geflochten
Trenzas	Zöpfe

Universo
Universum

Asteroide	Asteroid
Astronomía	Astronomie
Astrónomo	Astronom
Atmósfera	Atmosphäre
Celestial	Himmlisch
Cielo	Himmel
Cósmico	Kosmisch
Ecuador	Äquator
Galaxia	Galaxie
Hemisferio	Hemisphäre
Horizonte	Horizont
Latitud	Breite
Longitud	Längengrad
Luna	Mond
Oscuridad	Dunkelheit
Órbita	Orbit
Solar	Solar
Solsticio	Sonnenwende
Telescopio	Teleskop
Visible	Sichtbar

Vacaciones #2
Urlaub #2

Aeropuerto	Flughafen
Carpa	Zelt
Destino	Ziel
Extranjero	Ausländer
Fotos	Fotos
Hotel	Hotel
Isla	Insel
Mapa	Karte
Mar	Meer
Montañas	Berge
Ocio	Freizeit
Pasaporte	Pass
Playa	Strand
Restaurante	Restaurant
Taxi	Taxi
Transporte	Transport
Tren	Zug
Vacaciones	Urlaub
Viaje	Reise
Visa	Visum

Vehículos
Fahrzeuge

Ambulancia	Krankenwagen
Autobús	Bus
Avión	Flugzeug
Balsa	Floss
Barco	Boot
Bicicleta	Fahrrad
Camión	Lkw
Caravana	Wohnwagen
Coche	Auto
Cohete	Rakete
Ferry	Fähre
Furgoneta	Van
Helicóptero	Hubschrauber
Metro	U-Bahn
Motor	Motor
Neumáticos	Reifen
Submarino	U-Boot
Taxi	Taxi
Tractor	Traktor
Tren	Zug

Verduras
Gemüse

Ajo	Knoblauch
Alcachofa	Artischocke
Apio	Sellerie
Berenjena	Aubergine
Brócoli	Brokkoli
Calabaza	Kürbis
Cebolla	Zwiebel
Ensalada	Salat
Espinacas	Spinat
Guisante	Erbse
Jengibre	Ingwer
Nabo	Rübe
Oliva	Olive
Patata	Kartoffel
Pepino	Gurke
Perejil	Petersilie
Rábano	Rettich
Seta	Pilz
Tomate	Tomate
Zanahoria	Karotte

Enhorabuena

Lo has conseguido!

Esperamos que hayas disfrutado de este libro tanto como nosotros al diseñarlo. Nos esforzamos por crear libros de la máxima calidad posible.
Esta edición está diseñada para proporcionar un aprendizaje inteligente, de calidad y divertido!

¿Te ha gustado este libro?

Una Petición Sencilla

Estos libros existen gracias a las reseñas que se publican.
¿Podrías ayudarnos dejando una reseña ahora?
Aquí tienes un breve enlace a la página de reseñas

BestBooksActivity.com/Opiniones50

¡DESAFÍO FINAL!

Reto n°1

¿Estás listo para tu juego gratis? Los utilizamos siempre, pero no son tan fáciles de encontrar. ¡Aquí están los **Sinónimos!**
Escribe 5 palabras que hayas encontrado en los rompecabezas (#21, #36, #76) y trata de encontrar 2 sinónimos para cada palabra.

Escriba 5 palabras del *Puzzle 21*

Palabras	Sinónimo 1	Sinónimo 2

Escriba 5 palabras del *Puzzle 36*

Palabras	Sinónimo 1	Sinónimo 2

Escriba 5 palabras del *Puzzle 76*

Palabras	Sinónimo 1	Sinónimo 2

Reto n°2

Ahora que te has calentado, escribe 5 palabras que hayas encontrado en los Puzzles 9, 17 y 25 e intenta encontrar 2 antónimos para cada palabra. ¿Cuántos puedes encontrar en 20 minutos?

*Escriba 5 palabras del **Puzzle 9***

Palabras	Antónimo 1	Antónimo 2

*Escriba 5 palabras del **Puzzle 17***

Palabras	Antónimo 1	Antónimo 2

*Escriba 5 palabras del **Puzzle 25***

Palabras	Antónimo 1	Antónimo 2

Reto n°3

¡Genial! Este desafío final  no es nada para ti.

¿Preparado para el reto final? Elige 10 palabras que hayas descubierto en los diferentes rompecabezas y escríbelas a continuación.

1.	6.
2.	7.
3.	8.
4.	9.
5.	10.

Ahora escribe un texto pensando en una persona, un animal o un lugar que te guste.

Puedes usar la última página de este libro como borrador.

Tu Composición:

CUADERNO DE NOTAS :

HASTA PRONTO !

Todo el Equipo

DESCUBRA JUEGOS GRATIS

GO

↓

BESTACTIVITYBOOKS.COM/FREEGAMES